이윤희를 아시나요?

이윤희를 아시나요

이동세 지음

사라진 여대생, 그리고 진실을 쫓는 18년간의 추적기

DUPIN

  그해 6월 초는 때 이른 무더위가 이어지다 마침내 날이 저물자 평년 기온을 되찾아가고 있었다. 6월 5일, 실습 시험을 마친 전북대학교 수의학과 학생들과 교수 두 명은 학교 인근 호프집에서 2차 뒤풀이를 즐기고 있었고, 그중에 이윤희도 있었다.

  이윤희는 서울에서 자라고 명문 이화여대를 졸업한 뒤, 자신의 적성에 맞는 일을 찾고자 전북대 수의학과에 진학하여 졸업까지 이제 한 학기만을 남겨두고 있었다.

  그날은 종일 엷은 안개가 끼어 덥고 습했다. 하지만 뒤풀이 자리는 흥에 넘쳤고, 시험을 마친 젊은이들답게 홀가분한 기분을 만끽하고 있었다. 이윤희는 실습 시험 결과가 만족스럽지 못해 다소 시무룩했지만, 이내 친구들과 팔씨름을 하는 등 평소의 활기를 되찾아가고 있었다. 그녀의 곁에는 늘 주위를 맴도는 K군과 교수가 앉았고, 이윤희는 몇 차례 화장실에 다녀온 것 외에 눈에 띄는 모습을 보이지 않았다.

  분위기가 무르익고 어느덧 새벽 2시가 다가오자, 이윤희는 호프집을 나와 집으로 돌아갔다. 그녀와 동행한 K군은 골목 앞에서 헤어진 뒤 그녀가 원룸 건물 안으로 들어가는 것까지 목격했다고 훗날 진술했다. 그가 마지막 목격자였고, 그 시간 이후로 이윤희는 사라져 버렸다.

현충일인 6월 6일엔 아무도 이윤희를 만나지 않았고, 그다음 날에도 그녀는 학교에 나타나지 않았다.

걱정한 친구들이 그녀의 방에 방문한 것은 6월 8일이 되어서였다. 경찰과 소방관에 의해 열린 원룸 안은 어질러져 있었고, 이윤희는 거기에 없었다.

마지막으로 목격된 날 그녀가 소지한 가방은 방 안에 있었지만, 입고 있던 원피스와 신발 등 몇 가지 물건이 보이지 않았고 친구들의 청소로 인해 현장보존이 이루어지지 않아 사건은 시작부터 미궁 속으로 빨려 들어가고 말았다.

나중에 알게 된 사실이지만, 이윤희는 새벽 귀가 후 인터넷 포털사이트에 '성추행'과 '112'를 검색했고 그 후 아무런 조작을 하지 않다가 새벽 4시 21분경에 컴퓨터를 종료했다.

당시 그녀는 휴대폰을 도난당해 어디에도 연락할 수 없는 상태였고, 연락을 받을 수도 없었다.

실종의 시작과 알려진 정황은 이 정도이다. 수많은 경우의 수를 따져보고 추측을 해보아도 그녀의 실종에 대한 답을 찾지 못했다. 그렇게 18년이라는 세월이 지났다.

그날 이윤희에게 무슨 일이 있었던 걸까?

차례

1

전주
그리고
전북대

"내 고향도 전라도야.
그런데 전주는 모르겠더라고.
그래도 내 고향 땅이
내 딸을 이렇게 삼켜 먹을 줄은 몰랐어."

"아빠, 인제 와서 말하려니 좀 그렇긴 한데 …….."

막내 녀석이 뜸을 들일 땐 뭔가 심각하거나 중요한 문제를 이야기하고 싶다는 뜻이다.

"뭔데 그래? 말해봐."

이런 대답을 기다렸다는 듯이 이내 툴툴 털어놓기 시작한다.

"곰곰이 그리고 깊이 생각을 해봤는데, 아무래도 난 내가 제일 좋아하는 게 뭔지 이제야 안 거 같아. 그 일을 하는 게 내가 앞으로 좀 행복하게 살아갈 수 있는 일인 거 같고."

"그러니까 그게 뭔데?"

"음 … 나 수의학과에 가고 싶어."

처음엔 무척이나 당황스러웠다.

막내 녀석이 열아홉이었던 1996년에 이화여대 통계학과를 들어가서는 미술을 하겠다고 해서 또다시 2년을 더 다닌 해였다.

학교를 다니는 동안 단 한 번도 공부하란 소리를 해본 적이 없는 녀석이었다. 제 머리를 믿는 녀석이라 알아서 공부를 해왔고, 그런 딸이 그저 대견하기만 했다.

막내 녀석을 임신했다는 소식을 접하고는 내심 불편하고 불안했다. 이미 3명의 아이들이 2~3년의 터울로 있었는 데다가, 내 나이가 이미 40세가 되었을 때 얻은 막둥이였기 때문이다. 이 녀석들의 대학을 모두 어찌 감당할지 막막함도 없지 않았다. 그래도 남들이 부러워할 직장에 다니면서 열심히 일한 덕에 모두 대학에 보낼 수 있긴 했지만 말이다.

머리가 특출나게 좋았던 막내는, 별명이 대갈장군이었다. 머리도 짱구인데 그 머리를 언제나 요긴하게 쓰는 데 혀를 내두를 정도였다.

하루는 집에 전축이 망가져서 수리를 부를까 그냥 한 귀퉁이에 처박아둘까 하던 차였다. 그 이야기를 들은 막내는 한참을 전축을 노려보고, 이리저리 만져보더니 어디선가 공구함을 들고 와서는 코에 기름을 묻혀가며 뜯고 맞추기를 반복하더니 고쳐내는 것이었다.

막내가 무언가에 꽂히면, 당해낼 재간이 없었다.

고등학교 3학년 때에도 당시에 유행하던 전략 시뮬레이션 게임을 하러 PC방을 들락거렸다는 것을 대학 진학 후에 알았는데,

놀 거 다 놀고, 게다가 수능 시험 날 복통을 부여잡고 가서 따낸 성적이 이화여대였다.

아비로서는 그것도 대단했지만, 그보다 더 좋은 대학을 갈 수 있었다는 사실을 안 후로는 왠지 요 녀석이 조금은 미워 보이기도 했다.

막내라서 그럴까.

볼 때마다 미워할 구석은 점점 애정으로 바뀌었다. 볼수록 막내에 대한 사랑은 조금씩 커지기만 할 뿐이었다.

"굳이 수의학과엔 왜 가려고 그러니?"

어차피 막내를 이길 수 없다는 것을 직감할 수 있었지만, 꼭 물어는 봐야겠다 싶었다. 어릴 적부터 동물을 좋아했던 것은 알지만, 좋아하는 것과 제가 앞으로 먹고살 길을 만드는 것은 다르니 말이다.

"내가 동물들 좋아하는 건 아빠도 알잖아?"

예상했던 대답의 시작이었다. 그런데 이후의 대답은 예측이 어려웠다. 저 짱구 머리에서 어떤 이야기가 나올지 듣고만 있을 뿐이었다.

"내가 좋아하는 무엇인가를 위해서, 그러니까 그 동물들이 우

어릴 때부터 동물 키우는 것을 늘 해오던 막내. 강아지, 고양이, 햄스터, 거북이 등 안 키워본 동물이 없었을 정도다.

리 사람들과 좀 더 같이 평안하게 오래, 함께 있도록 하는 방법을 생각하고, 연구하고, 치료하고 하면서 살면 매일 매일이 즐거울 것 같단 말이지."

이미 내가 KO 상태임은 직감했다.

말로는 결코 이겨 본 적도 이길 수도 없는 존재이니까.

하지만 그만큼 하고자 하는 바에 대한 의지가 매우 강한 아이였다. 의지만 강한 것은 아니었다. 나름의 계획도, 목표도 뚜렷한 아이였으니까.

막내는 나름 강남에서 어린 시절을 보냈다. 서초초와 서초중, 고를 거쳐서 대학에 들어갔으니까.

이 아이가 대학에 들어가기 전에 난 직장을 퇴직하고 얼마 언은 퇴직금을 가지고 이것저것 해보려 애쓰던 차였다. 다행히 큰딸이 졸업을 했고, 둘째인 아들과 셋째인 딸도 졸업을 해서 자기 앞가림들은 하던 차라, 막내만 내가 잘 끼고 살다가 이 녀석도 언젠가는 시집을 가고 제 삶을 살 때가 올 거라 생각했다.

그래도 어려움이 없던 것은 아니다. 어울리지 않는 장사를 시작했다가 낭패를 본 일도 있었고, 서울에서 20여 년을 살다가 안산이란 낯선 도시에 살면서 식구들 각자가 내가 느끼지 못한 외로움과 어려움을 느꼈었음을 뒤늦게 알았다.

막내의 경우에는 안산에서 서울에 있는 대학을 다니면서 지하철과 버스를 번갈아 가며 타고 다녔다. 그리고 자기 뜻으로 선택한 복수전공에 대해서 부모의 짐을 덜어주겠다고, 자기 용돈벌이 한다고 과외 아르바이트에서 손을 뗀 적이 없다.

추운 겨울 눈이 발목을 덮는 날에도, 과외를 하고는 지하철을 타고 집으로 와서 벌게진 손과 코를 보이면서도 밝게 웃던 아이였다.

그런 미안함이 어느 순간 내 가슴 깊숙이 자리 잡은 것이다.

"그래서 내가 고민하고 고민해서, 아빠가 고생하는데 내가 또 공부한다고 ……."

　바닥을 내려다보며 말이 길어진다는 건 두 가지다. 하나는 그럼에도 불구하고 난 고집을 꺾지 않겠다는 것이고, 하나는 미안하긴 하다는 거다.

"어느 대학을 간다는 거야?"

　중간에 말을 끊고 물었다.

"어? 어 … 전북대."

"전북대? 그게 어디 있는데?"

"아~ 전주에 있어. 전북에서는 제일 큰 대학이고, 국립대학인데 ……."

　그 뒤로 약간은 신나 하는 아이의 말은 들리지 않았다. 그저 내가 허락할 것이란 기대에 가득 찬 이 녀석의 눈과 옆에서 조금 못마땅한 표정으로 막내를 대신해서 바닥을 응시하고 있는 아내를 번갈아 볼 뿐.

"그럼, 거기 기숙사가 있어?"

"어… 있긴 한데, 나는 편입을 해야 하는 상황이라 기숙사 배정이 어려울 수 있더라고. 그래서 자취를 해야 하지 않을까 ……."

　잠시 들뜨고 흥분된 기운이 가라앉았다. 이내 거실 분위기는 침착해졌다.

"혼자 자취를 한다고? 할 수 있겠냐?"

막내다. 아무리 머리가 좋고, 제 할 일 해가며 살아온 당찬 아이라도 내가 낳은 자식 중에 가장 어린, 막내다. 그래서 걱정이 앞선다.

"자취는 절대 안 되니까 허락 안 할 거라고 하면 알았다고 할 애여?"

잠잠하던 아내가 한마디 거든다. 정답이긴 하다.

딱히 맘에 들어 하진 않아도, 제 엄마도 동의한다는 생각에 다시 눈에서 빛이 나기 시작하는 막내에게 내가 할 수 있는 말은 몇 가지가 없었다.

"알았다. 한번 해봐라 그럼. 대신에 아빠는 등록금이랑 학비밖엔 지원 못 해줘."

"알아 아빠, 고마워! 내가 아르바이트하면서 벌어가며 할 수 있어!"

걱정 반. 아니, 걱정이 모두였던 그날의 결정은, 지금에 와선 너무나 큰 후회 중 하나였다.

그렇게 2002년, 누군가에게는 월드컵의 열기로 가득했던 그때, 우리 집 막내는 자신의 꿈을 이루겠다고 흥분되어 있었다.

그리고 얻어낸 이화여대의 졸업장. 졸업이 신난 아이가 아니라, 또 다른 도전이 신난 아이였다.

막내의 이화여대 졸업식.

　다른 부모들은 사회인으로서의 시작을 축하하기 위해 졸업식
에 왔다면, 우리는 곧 있을 또 다른 입학식엘 가지 못할 것 같아
서 온 졸업식이었다.
　그래도 막내는 행복해했다.

　그로부터 다시 1년이란 시간이 흘렀다.
　네 번의 계절이 바뀌고, 막내의 옷차림이 네 번 바뀔 때였다.

　급하게 현관문의 비밀번호 누르는 소리가 들린다.
　저 소리는 누구인지 모두가 아는 소리다. 그렇다. 막내다.
　우당탕탕 … 신고 있던 구두인지 슬리퍼인지는 현관 입구의

허공을 날아다니고 있다. 그것들이 떨어지기 무섭게 긴 머리를
휘날리면서 부엌에 있는 엄마에게 달려간다.

희한하게 안 닮은 거 같은데, 제 엄마랑 여지없이 닮은 녀석이
다. 엄마는 저런 공부 머리가 어디서 나왔는지 늘 신기해한다.

"엄마, 하고 싶은 이야기가 있어!"
"뭐여 … 숨은 쉬고 있어?"
"엄마 … 짜잔~~~!"
희끄무레한 종이 한 장을 엄마에게 보여준다.
"이게 뭐여?"
코끝에 걸려 있는 안경을 쓸어 올린 다음, 미간을 슬쩍
찌푸리며 희멀건 종이를 들여다보던 엄마다.
"합격증?"
한마디만 넌지시 뱉고는 그 희멀건 종이를 나에게 들이민다.
종이를 받아 들면서 막내를 쳐다본다. 녀석의 볼은 이미 상기
될 대로 상기되어 있고, 이내 터질 듯하다. 눈망울은 이미 뿌듯
함으로 넘쳤다.
종이를 보지 않아도 이미 알겠다.
"이야~ 합격했네! 하하하. 오늘 아빠랑 맥주 한잔 할까?"
양쪽 어깨를 한없이 올린 다음 입은 이미 귀에 걸린 표정으로
기다란 머리가 흔들릴 만큼 고개를 끄덕인다.

1. 전주 그리고 전북대

부엌에 있는 엄마는 여전히 한숨이다. 걱정에 걱정이다. 제 품을 떠날 아이가 영 맘에 걸렸던 게다.

이제 와서 생각해보면, 내가 너무 쉽게 막내에게 무너졌나 … 싶다.

2003년 1월의 겨울.

우리 집은 그렇게 냉랭함과 뜨거움이 공존했다.

그렇게 막내의 생애 첫 지방 생활과 자취가 시작되었다.

그 지방이라는 곳이 서울에서는 200킬로미터가 떨어진 곳이자, 내 고향 땅인 전라도. 그것도 전북의 심장이라는 전주였다.

그리고 막내가 그토록 원하던, 자신의 꿈이라고 말하던 곳, 바로 전북대학교 수의학과였다.

그렇다. 내 막내의 이름은 이윤희다.

2006년 6월 6일 내 곁에서 사라진, 내 새끼이고, 내 사랑이고, 내 삶이고, 내 아픔인 … 윤희다.

두 명의 언니가 있고, 한 명의 오빠가 있는 … 외동아들인 나에게 있어, 막내라는 단어가 있었음을 상기시켜 준, 내 막내다.

단 한 번도 실망을 시켜 본 적이 없는 아이였다. 뭔가를 결심하면 반드시 해내는 아이였고, 뭔가를 해결해야겠다면 모든 것을 쏟아붓는 아이었다.

오냐오냐하며 품속에서만 살아온 여느 막내와는 달랐다. 알콩달콩 둘째 언니와 문 닫아 놓고 껄껄 웃던 그 목소리의 주파수는, 늘 내 귀에서는 행복감이라는 데시벨로 들려왔었다.

딸이 셋이니, 딸 부자 소리도 들었다.

세 명의 딸이 내 앞에서 복작거리며, 웃어가며 떠드는 것을 듣고 있으면 나와 아내는 그저 어느 왕과 왕비 부럽지 않은 기분이었다.

모든 게 갖춰져 있는 파티가 매일 열리는 기분이었다고 해야할까?

첫째 딸이 시집가서 미국에 가 살면서, 공간 하나가 비어 있는 것 같은 기분이 가끔 들 때가 있었다.

그럴 때면, 남은 두 여식이 그 자리를 채워줄 양 더 웃어댔다. 큰 언니의 목소리를 빼닮은 막내가 1인 2역을 하며 큰언니 흉내를 낼 때면 배꼽을 잡기 일쑤였다.

남부럽지 않은 대학의 통계학을 전공할 정도의 머리. 수학은 외우는 게 아니라 제 머리에 다 들어앉아 있다고 자신만만해하는 막내가 그저 대견했다.

그러다 2년 후에 아무래도 자신이 그림에 재능이 있는 것 같다며 미술을 배우고 싶다고 했을 때만 해도, 그러려니 했다.

외가 식구들이 예능 쪽으로는 밝은 편이라, 첫째부터 막내까지 죄다 그쪽 방면으로 재능을 피웠으니 … 피는 못 속이나보

1. 전주 그리고 전북대

이윤희의 이화여대 미대 시절 그림들.

다 했다.

　이놈이 그려 놓은 그림은 여전히 나와 아내가 머무는 공간을
가득 채우고 있다.

그랬다.

나에게 막내딸은 우리 집의 가풍이나 분위기를 대표해서 보여주는 아이였다. 한다면 했고, 했으면 반드시 이루었다.

공기업 출신의 내가 그랬고, 기어이 목사직을 해 낸 지 엄마의 DNA가 고스란히 묻어 있는 아이였다.

이윤희는 우리 가족이자 나였고, 내 자식이자 내 남은 삶이었다.

1년을 열심히 준비해서 들어간 전북대 수의학과.

2003년 수의예과 2년 과정을 패스한 편입생으로 입학했다. 3학년으로 입학한 셈이다.

2001학번과 동급인 셈이지만, 이미 96학번이었던 윤희에게 학과 아이들은 대부분이 동생들이었다.

참 대견하다고 해야 할지, 억척스럽다고 해야 할지, 이 녀석이 전주에 내려가자마자 한 일은 전북대에 대한 적응이 아니었다. 아르바이트 자리를 알아보는 게 첫 번째 일이었다.

제 꿈의 시작을 약속의 이행으로 시작한, 막내 아닌 막내의 선포와 같았다.

'아빠, 걱정 마! 걱정도, 실망도 안 시킬게!'

말하지 않아도, 이 녀석은 이렇게 이야기하는 듯했다.

수학을 워낙에 좋아하고 잘했던 녀석이라, 고등학생 수학을 가르치는 아르바이트를 줄곧 해왔다. 통계학을 전공했을 정도니, 두말하면 잔소리였다.

수험생들의 만족도가 높다 보니, 윤희의 과외 아르바이트는 지속될 수 있었다. 알음알음 소개로 보통 3~4개의 아르바이트를 해오면서 용돈과 방세 낼 정도는 벌었다.

생각 외로 대학 생활은 재미있었던 것 같다. 통계학과 미술을 거쳐, 자신이 할 수 있고, 자신 있었던 것을 지나, 이제는 자기가 정말 좋아하는 것을 배우니 그 자체가 너무 좋았던 것 같다.

이미 20대 중반을 넘어선 나이고 큰 언니는 결혼을 했고, 둘째 언니도 결혼을 앞두고 있었으니 나의 시선은 오로지 막내를 향할 수밖에.

"아빠, 내가 졸업하면 서른이야. 그리고 아직 엄청 젊어. 뭐가 그리 급해? 손주 보는 재미는 언니들로부터 만끽하셔."

늘 이런 식이었다. 말 꺼내기 전부터 상대를 입틀막하는, 좋게 말해서 타인과의 교감 능력이 월등히 좋았던 것은 사실이다.

내 딸에게 전주는 세 번째 고향이라고 할까?

자기가 태어난 서울과 그토록 정붙이고 살았던 안산에 이어, 부모가 살았던 남양주보단 전주가 편했을 거다. 4년 가까이를 홀로서기 해가며 살았을 테니까.

전주에서의 첫 보금자리는 은퇴한 노(老) 교수가 살고 있던 집의 2층 셋방이었다. 주택이긴 하지만 나름 안정적이었다. 그칠 줄 모르는 잔소리를 해대는, 동네 할머니 같은 주인 할머니가 오히려 막내의 바른 생활(?)에 도움이 될 것만 같았다.

그래서인지 모르지만, 교수의 집이라는 점 때문에 집 안팎에서의 행동에 제약이 있었던 것은 사실이었다. 그럼에도 불구하고 문제가 될 일이 있었던 적은 없다. 그건 윤희의 성격에서 나오는 것이지, 교수가 주인인 집이라서가 아니다.

편입 시험을 공부하던 때였다.

그때의 대한민국은 온통 월드컵의 함성과 붉은 티셔츠로 물들어져 있었다. 전북대 편입 시험을 준비하던 때이지만, 윤희는 자신감에 차 있었다. 대한민국 경기는 모두 챙겨보았고, 온 목소리를 다해서 응원하던 때이다.

그리고 모두가 대한민국 팀의 승리에 취해서, 경기 뒤에도 맥주와 함께하는 흥분을 주체하지 못할 때이다.

그럴 때도, 그렇게 목이 터져라 응원하다가도 경기가 끝나면 방에 들어가 다시 공부하던 아이다. 맺고 끊는 것은 탁월했다.

놀 때는 놀고, 공부할 때는 공부하는 스타일이라고 할까.

아무튼 그렇게 공부해서 3명에게만 주어진 편입의 문턱을 넘어섰다.

이 이야기를 꺼낸 이유는, 막내는 자신이 해야 할 일에 대해서 소신을 가지고 움직이는 아이지, 함부로 즉흥적으로 움직이는 스타일이 아니라는 점을 말하고 싶어서다.

날이 좋아서, 바람이 불어서, 기뻐서, 슬퍼서 … 자신의 감정에 휘둘리기보단 자신을 둘러싼 주변의 환경에 집중하고 그 속에서 본인이 해야 할 일들에 대해서 집중하는 편이었다.

행동에 어느 정도 제약이 있을 법한 교수 집에서의 자취는 오히려 막내에겐 득이 되었다. 늘 집에 사람이 있었고, 늘 자신의 안전을 보장해줄 수 있었기 때문이다.

아무리 껄끄러운 상황이더라도, 실제 자신이 해야 할 일과 말이 있다면, 상대의 감정과 상태를 염두에 두고 어떻게든 표현하는 스타일이었다.

뒤로 물러서는 스타일이 아니었다는 말이다.

이윤희가 첫 원룸 생활을 했던 노 교수의 집. 윤희는 이 집을 매우 좋아했다.

이 이야기는 중요하다. 나중에 거론될 사건의 특정한 이야기에서 이윤희의 행동 패턴을 짐작케 할 수 있기 때문이다.

하루는 막내가 엄마에게 전화를 걸어서 한참 재잘대는 소리가 수화기 너머로 들리기에 아내에게 물었다.

"윤희야?"

"어, 오늘 소 뱃속에서 송아지를 제 손으로 꺼냈대."

"송아지를 꺼내?"

송아지를 낳던 소가 난산을 하는 중이라, 누군가가 소의 자궁에 손을 집어넣어 억지로 송아지를 꺼내지 않으면 소와 송아지

둘 다 문제가 생길 수 있는 상황이었나 보다.

수의학과에서는 소나 말과 같은 대형 가축이나 동물은, 그 동물이 있는 곳으로 가서 필요한 수업과 실습을 하는 경우가 많았다.

소가 힘들어하는 것을 수십 명의 학생이 쳐다보면서 난감해할 때, 나선 것은 우리 막내였다.

"별거 아닌 거 같던데 다들 뒤로 빼길래, 그냥 고무장갑 딱! 끼고 한쪽 팔을 쑤욱! 집어넣어서 손에 잡고 그대로 쭈욱! 뺐지 뭐. 간단했어."

별거 아닌 듯이 이야기하는 것 같아도, 목소리는 이미 상기되어 있다. 이렇게 재잘대기를 좋아했다.

집에서는 영락없는 막내였다.

그러나 학교에선 누나였고 언니였고 전북대의 성골이 아닌 편입생이었다.

소위 '낀 학생'.

전북대생이지만 전북대생이 아닌 것 같은, 그런 편입생이라는 가시 돋친 명함이 늘 호주머니 안에서 내 손을 다치게 하는 것 같은 게 있었다.

처음부터 전북대 수의학과 1학년을 시작했던 사람들에겐 갑자기 3학년이 되어서 나타난 이윤희가 그다지 좋게만 느껴지진 않았을 것이다.

그도 그럴 것이, 이윤희가 등장하자마자 학과의 장학금에서 밀려나는 사람도 생겼다.

이윤희는 단 한 학기도 놓치지 않고 성적 장학금을 받았기 때문에 상대적으로 피해를 입은 학생도 있었을 것이다.

"아빠, 우리 학년에 넘사벽 애가 한 명 있는데, 우린 그냥 걔가 1등이라고 치고 범접할 생각도 못 해."

막내가 수의학과를 다닌 4년 내내 1등을 놓치지 않았던 한 학생에 대한 이야기를 하면서 혀를 내둘렀던 적이 있다.

그러면서도 마시던 커피잔을 돌리면서 내게 말한다.

"걔를 이겨보려고 해봤는데 안 되더라고. 워낙 넘사벽이라. 그런데 한편으로는 내가 누군가의 장학금을 막고 있다는 생각이 드니까, 좀 미안하기도 하더라고. 뭐, 그렇다고 장학금을 포기하겠단 건 아니고. 하하하."

편입생이란 꼬리표가 부담스러웠긴 했나 보다. 전북대 이전 6년을 서울 유명 대학에 다닌 것으로도 세간의 입방아에 오르내렸으니까.

그래도 막내의 멘탈은 그런 것에 꺾일 만한 것이 아니었다.

그저 자신을 둘러싼 외형적인 상황이라는 것이 있지만, 그거에 기가 눌릴 사람이 아니라고 스스로에게 최면을 걸고 있는 것으로 보였기 때문.

늘 스스로를 증명하면서 살아온 아이였다.

자기 스스로 무엇인가를 하기 위해서 필요한 게 뭔지, 어떻게 그 필요함을 조달해야 하는지에 대해서 늘 구체적인 아이였다.

그걸 머릿속에서 자그마한 손을 통해 옮겨 써 내려놓은 것이 있다. 다이어리다.

막내는 다이어리 쓰는 것을 무척이나 좋아했다. 도대체 어떻게 저렇게 작은 글씨를 쓸 수 있을지 의문스러울 정도였다. 누가 보면 윤희의 글자처럼 생긴 서체가 있어서, 대략 1~2 사이즈로 인쇄해놓은 것처럼 보이기도 했다.

자기가 쓴 다이어리를 보여주면서 뭐라고 재잘대기 시작하면, 안경을 쓴 적이 없는 나도 돋보기가 필요하나 했다. 물론 이젠 어느새 돋보기 없인 글 읽기가 힘든 나이가 되어 버렸지만.

지금도 내가 자는 침대의 머리맡에는 막내가 쓰던 다이어리가 놓여져 있다. 이제는 80대 후반의 노인이 되어버린 나는, 글씨를 읽을 때 돋보기의 도움이 필요하다. 그렇게 돋보기를 통해서 들여다본 다이어리를 통해 막내의 세상을 가끔 들여다보곤 한다.

빼곡히 적어 놓은 무언가, 암호 같은 숫자와 친구들의 이름, 학과와 과외 등의 개인사부터 가족들의 생일(이모부와 형부 생일도 챙기던 아이였다)까지.

각종 쿠폰들과 그곳에 찍혀 있는 도장들. 다음의 방문을 위해

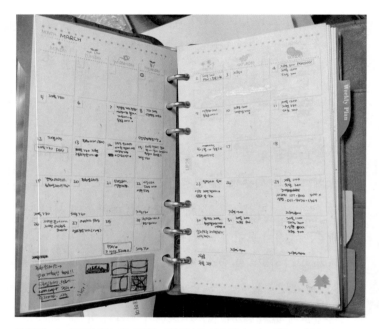

이윤희는 늘 이쁘장하고 자그마한 다이어리를 사용했다. 과수첩은 수업용 메모 등에만 썼을 뿐, 대부분의 연락처나 주요 메모는 자신의 다이어리에 적었다.

비어져 있는 칸들 … 이제는 도장을 다시 찍을 수 없게 된 그 조그마한 사각 빈 공간에 내 딸을 담아본다.

매년 쓰던 다이어리는 대략 B5 크기의 예쁘장한 수첩들이 대부분이었다. 겉으로는 왈가닥한 성격 같아도, 예쁜 것을 좋아했던 윤희는 천상 그저 여자였다.

그렇게 하루하루, 자신이 할 수 있는 모든 것을 하는 아이였던 막내딸이다.

원룸 이사를 가다

윤희는 이전 원룸을 맘에 들어 했다. 그런데 문제가 생겼다. 그 원룸의 집을 수리를 해야 하는 일이 발생한 것이다. 갑작스럽게 결정이 난 상황에서 윤희가 할 수 있는 일은 가능하면 빨리 다른 방을 알아보는 것이었다.

그렇게 발품 팔아서 알아본 원룸이 바로 ○○원룸이다.

원룸 계약서에 고스란히 남은 막내의 성격.

어느 것 하나 허투루 하지 않는다. 내심 맘에 드는 곳을 정해 가계약서를 적고 다시 계약서를 옮기면서도 많은 고민을 한 흔적이 묻어난다.

게다가 계약을 1년만 한 것이 내 가슴을 더 힘들게 했다. 1년 남은 학교생활이 마무리되면, 전주를 떠날 계획이었던 것이다.

그도 그럴 것이, 윤희는 인천공항의 검역관이 되길 원했다. 그러니 전주에 있을 일이 없었던 것이다.

부동산매매계약서

(용)

No.

부동산의 표시

물건소재지	원룸 306호 계약서			
대지면적	평 홉 작	평당가격		원정
건 평	평 홉 작	평당가격		원정
구조및용도	1년계약			

제1조 위 부동산을 매도자와 매수자합의하에 아래와 같이 계약함
제2조 위 부동산 매매에 있어 매수자는 매매대금을 다음과 같이 지불키로 한

매매금총액	一金	보증금 100만원	원정₩
계약금	一金	월세 22만원 · 원정을 계약당시 지불하고
중 도 금	一金	계약하였음 원정을 200 년 월 일 지불하며
잔 액	一金	원정을 200 년 월 일 중개인입회하에 지불함

제3조 토지건물의 명도는 서기 200 년 월 일로 정함.
제4조 본 명도전의 조세 사용세 기타 모든 공과금은 매도자가 부담 청산하고 잔금을 수령하기로 함.
제5조 매도자는 잔금을 받을때 명의 변경을 할수있는 모든 서류를 매수자에게 주기로 한다.
제6조 매수자는 잔금일 이후의 모든 대상금 잔액을 매도자로부터 승계하여 부담할 의무를 가지기로 한다.
제7조 중개료는 계약당시에 쌍방에서 법정수수료를 중개인에게 지불하여야 함.
제8조 본계약을 매도자가 위약할 때에는 계약금의 2배를 매수자에게 배상하며 매수자가 위약했을때는 본계
약금은 무효가되고 반환청구를 할수없음.
위 각 조항을 엄수키 위하여 본계약서를 5통 작성하여 매매당사자용 실적보고용 세무서보고용
업소보관용으로 각각 사용하기로 하고 매수인 경정은 이를분허함.

단:

서기 200 5 년 12월 22 일 임각하였음

매도인	주 소	원룸 고려인 이			
	주민등록번호		전화번호	218-	성명	㊞
매수인	주 소				
	주민등록번호	7801 -2	전화번호	90- 85	성명	이윤희	㊞
중개인	주 소		허가번호		
	주민등록번호		전화번호		성명	㊞
담당관서장검인	동장겸인		세무서장겸인		

이윤희의 마지막 원룸 계약서

금암동 원룸촌이라 불리는 곳.

수많은 자취생들이 살고 있는 곳이지만, 밤이 되면 어두컴컴한 것도 모자라, 쥐새끼도 없을 것 같은 분위기다.

CCTV 한 대 없던 곳이었다.

그런 곳에서 그 무섭고 좁은 골목을 대차게 한밤중에도 걸어다닌 것이 이윤희다.

그만큼 겁이 없었는지는 모르겠지만, 그만큼 담대하면서도 당당했다는 것이다.

2

불길한
예감

"집사람이 자꾸 윤희한테 가보자더라고.
아니, 얼마 전에 봤는데 뭘 또 가봐 했지
만, 맘속으로는 보고 싶더라고.
근데, 그때 가봤어야 했어."

남양주에 오다

2006년 5월 30일, 막내가 갑자기 남양주로 왔다. 평소에는 온다 간다는 말을 하던 아이인데 이날은 갑자기 남양주에 나타난 것이다.

"나 보고 싶었지? 하하하."

웃어대는 꼴이 막내답다. 역시나 신발은 현관 입구에 하나, 거실 위에 하나가 날아들어 와 있다.

왈가닥은 왈가닥이다.

"갑자기 어째 왔어?"

모른 척하고 묻는다. 31일이 내 생일이라 왔을 거라고 생각하고는 있었다.

"아빠 내일 생일 아니야? 아닌가? 아님 다시 가고. 헤헤."

"니네 아빠 생일 맞아. 그래서 엄마가 지금 이렇게 부엌에 붙어 있는 거 아녀."

"큰니는 온대?"

막내는 큰언니를 부를 때 큰니라고 한다. 둘째 언니를 부를 땐 언니라고 하고.

큰언니랑 나이 차가 제법 나다 보니, 막내에게 큰언니는 언니보다 높고 엄마보단 낮은 그 어딘가에 있는 사람이었다. 자기가 초등학생 때 이미 대학생이었던 데다가, 자기는 엄두도 못 낼 것 같은 피아노를 너무나 쉽게 치는 언니가 큰사람으로 보였을 게다. 그래서인지, 큰언니는 가끔 큰언니라고 부르지 않고, 큰니라고 줄여서 말하곤 했다.

"1월에 왔다 갔는데 뭘 또 와 … 미국에서 왔다 갔다 하는 게 쉬운 것도 아니고."

내심 왔으면 하는 마음을 뒤로 하고, 큰딸의 편에 서서 이야기 해봤다. 그래도 딸 셋이서 내 앞에서 웃고 떠들면서 우당탕탕하는 모습을 보고 있자면, 세상을 모두 다 가진 사람 같은 기분이었다.

빈자리는 느껴본 적이 없다.

나는 살면서 외로움 따위는 하찮은 것으로 생각했다. 외동아들이라 그렇게 커서 그런 건지 몰라도, 아마도 자식이 넷이나 되다 보니, 내 삶 어디 한 군데도 허전한 곳이 없었나 보다.

"난 외로움을 느껴본 적이 없어요. 그게 뭐야? 그랬거든요. 근데,

이제는 그게 뭔지 알 것 같아요. 그걸 알게 해준 게 이윤희거든
……."

— 2024년 5월, MBC 실화탐사대와의 인터뷰 중.

그렇게 갑자기, 그래도 너무나 반갑게 온 녀석은 나에게 뒤통수만 보여준다. 엄마에게 딱 달라붙어서는 주방에서 킥킥거리며 이야기하고 있다. 제 엄마가 내 흉보는 소리에 공감하고 있는 것이 분명하다.

그래도 좋았다. 그냥 … 좋았다. 나에게 막내는 자랑이기도 했고, 내가 살아 있는 걸 느끼게 해주는 세포들이었다.

"나 내일 언니랑 경복궁에 갈 거야."

"다 큰 애가 경복궁은 왜? 뭐 아직 못 본 거라도 있어?"

늘 강남에서 놀던 아이다. 남양주에 가끔 와도 대부분의 시간을 이화여대 다닐 때의 친구들이랑 만나서 노는 아이였기 때문에, 언니와의 경복궁행은 조금은 의아스러웠다.

"아, 언니 시어머니께서 거기서 가이드 하시는데, 언니 결혼식 때 말고는 뵌 적도 없어서, 겸사겸사 인사도 드릴 겸 언니랑 갔다 오기로 했어."

둘째 딸이 결혼한 지 얼마 안 된 터라, 괜찮은 생각이라고 봤다. 언니가 혼자 가기 뭣하니 붙들고 데리고 가려나 보다 했다.

그러던 와중에 막내에게 전화가 걸려 왔다.

2. 불길한 예감

"여보세요? 어, 왜? 어? 실습이 뭐?"

실습 어쩌구 하는 거 보니, 전북대 친구인 듯해 보였다.

전북대 친구에게서 전화가 오면 조금은 신경이 쓰였다.

얼마 전인가? 그날도 윤희가 집에 와 있었는데 전북대 친구에게 전화가 온 적이 있었다. 막내는 잘 당황해하지 않는 성격인데, 그날은 달랐다.

몹시 당황해하며 오른손으로 통화를 하면서도 왼손은 허공을 지휘하다가도 이내 앞머리를 지그시 누르곤 했다.

"아이고 … 내가 깜빡했나 보다. 어쩌지 … 나 지금 남양주 본가에 와 있어서 … 그건 지금 내 방에 있는데 …"

난감해하던 막내는 이내 다잡고 수화기 너머의 친구에게 말한다.

"잠시만 있어 봐. 내가 부탁해서 그거 전달해주라고 할게. 넌 어디야? 어, 알았어. 잠시만 끊고 기다려줘 봐."

그러고는 퉁명스럽게 자책하며 말했다.

"으이그 … 이 바보 이윤희 … 그렇게 오기 전에 뭐 할 일이 하나 있었다 했다."

"왜 그래? 무슨 일이야?"

"아니, 오늘 남양주 오기 전에 학교에 잠시 실습 준비해서 나눠주기로 한 게 있었는데, 그걸 내가 깜빡하고 그냥 왔네. 에이 참."

"그럼 어떡해? 다시 가야 돼?"

"거기가 어디라고 다시 가, 할 수 없지 뭐. 기호에게 부탁해야지 … 아~~ 짜증 나."

이내 전화를 거는 막내. 아까의 왼손은 이내 손가락질로 바뀌면서 투명 인간에게 뭔가를 지시하듯 휘젓는다.

"야, 분명히 말했어. 그것만 들고 바로 나와, 알았어? 비밀번호는 …….…."

과 친구에게 윤희 원룸에 들어가서 그 필요한 것을 들고 나와서 전달해주라고 하는 모양이다.

"야, 아무리 그래도 그걸 여자 혼자 사는 방에 남자가 들어가게 그러냐?"

"할 수 없지 뭐. 소희, 선수는 없고, 희원이는 과외 갔고 … 얘가 젤 만만해. 하하."

"비밀번호는 꼭 나중에라도 바꿔."

"알았어. 걱정 마."

잠시 후 전화가 왔다. 기호다.

"도착했어? 전화기 들고 있을 테니 들어가서 찾아봐. … 찾았어? 그럼 빨리 나와. 문 잘 닫아놓고. 너 누구한테 이야기하면 안 되는 거 알지? 빨리 갖다줘. … 알았어. 내려가서 쏠게. 뭉이랑 일심이는? 잘 있지? … 그래 알았어. 고맙고, 빨리 가봐."

친구 기호는 막내의 남자 친구, 요즘 말로 남자 사람 친구다.

나이는 동갑이지만, 윤희가 학번이 한 해 빠르다. 그래서 윤희는 늘 동생 취급하듯이 대했다.

막내가 남양주를 오거나 하면, 며칠 동안 막내가 키우는 강아지들을 기호에게 맡기곤 했다. 그래서 가장 가까운 친구였지만, 가장 멀기도 했다.

그렇다. 이 친구가 윤희를 무척이나 좋아했기 때문이다. 윤희도 알고 있고, 과 친구들도 다 알고 있었고, 우리 집 식구들도 다 아는 이야기다. 그도 그럴 것이, 이 친구는 막내의 둘째 언니에게 쪽지를 보내와 어떻게 하면 윤희랑 결혼할 수 있는지 훈수를 둬달라고까지 한 적이 있었다.

하지만 그런 이 친구의 바람이랄까 생각과는 달리, 윤희의 생각은 전혀 달랐다. 기호에 대한 생각을 물을 때마다 코웃음을 쳤다.

"누구? 기호? 내가 미쳤어? 나 눈 높아~ 하하하."

윤희의 원룸에 가보면, 윤희가 받은 여러 쪽지와 편지들이 있는데 대부분이 기호가 보낸 것이었다. 그걸 원룸 냉장고 위에, 박스 안에 그대로 뜯지도 않고 둔 것들도 많았다. 뜯어볼 필요도 없었다는 이야기.

게다가 그런 윤희의 마음을 기호는 누구보다 잘 알았다. 본인의 바람과는 윤희는 전혀 다른 생각을 하고 있었다는 것을 말이다.

하지만 눈앞에 보이는 꿈이 사라지지 않는 이상, 그 꿈에 매달리는 게 사람인가 보다.

그렇게 김기호의 꿈은 짙어져 가기만 한 것 같다. 막내가 사라지기 전까지는 말이다.

아무튼 그렇게 친구로부터 전화를 받은 윤희가 별 표정 변화없이 다시 거실로 나오는 것을 보니, 조금은 안도가 되었다. 이제 생각해보면, 그제라도 그때 기호가 원룸을 다녀간 뒤에 비밀번호를 바꿨는지 물어볼 걸 그랬다 싶다.

늘 똑 부러지는 아이인지라, 뭐든 알아서 잘했으리라 너무 믿은 것이 이제는 아쉬움이라는 글자로 자꾸 가슴에 박힌다.

"여보세요? 응, 이제 나가려고."

언니 전화를 받았다. 이쁘게 차려입은 게 봄 처녀 같은 내 딸이다.

"네가 시집갔냐? 네가 언니보다 더 이쁘면 언니 시엄마가 비교해불면 어쩌냐?"

엄마의 농담 섞인 말에 막내가 응수한다.

"그래? 그럼 뭐 … 할 수 없지. 하하. 근데 누가 봐도 언니가 더이뻐."

나는 1남 3녀, 4남매의 아빠다.

딸 부자이기도 하고, 아들과 딸을 동시에 가진 자식 부자이기도 했다.

나이도 두세 살 터울이라 서로 존중해주는 사이였다. 특히 막내와 셋째(막내의 둘째 언니)는 언니 동생 이상의 관계였다.

첫째 딸이 미국에 있고, 둘째는 오빠다 보니, 막내가 가장 의지하고 따랐던 사람이 바로 둘째 언니다.

둘째 언니와의 막역함은 보통 자매들의 그것보다 월등했다.

다 큰 처녀들이 한 침대에서 잠을 자고, 옷을 나눠 입고 각자의 데이트에 함께 할 정도면 친구 같은 언니였고, 때론 엄마 같은 언니였다.

윤희가 부르는 '언니'란 단어와 언니가 부르는 '윤희'라는 단어에는 서로에 대한 깊은 신뢰가 있었다.

서로가 그 부름에 늘 반응해줬다. 2년 터울이지만 쌍둥이 같은 아이들이었다.

그렇게 차려입고 나서는 윤희를 내가 뒤에서 보고 있으면, 그냥 내 눈에서 하트가 나온다고 아내가 그랬다.

"그만 쳐다봐, 애 닳겠어."

아내가 또 잔소리하며 이야기한다.

"아빠, 갔다 올게. 오늘 저녁 기대하슈! ㅎㅎ"

대답 대신 무한 입꼬리의 치켜세움을 보여준다.

내 딸은 이쁜 편은 아니라고 늘 생각해왔다. 이쁘다기보단, 세련되었다고 생각했다.

20년 전 사진을 봐도, 지금의 패션이나 화장과도 다를 게 없어 보이는 것이 참 잘 차려입고, 잘 꾸민다고 생각했다.

화장을 과하게 하지도 않고, 옷을 명품을 두르지도 않는데도 왠지 근사해 보였다.

누군가는 아무리 명품을 둘러도 그게 짝퉁으로 보이고, 누군가는 만 원짜리 티셔츠를 입어도 명품으로 보인다고 하던데, 내 딸은 싼 옷을 명품까진 아니더라도 세련되게 입었던 것 같다.

이화여대를 다니던 시절이었다.

갑자기 힘없이 들어와서는 제 방으로 쑥 들어가길래 무슨 일이 있나 했다.

알아서 거실로 나오길 기다렸지만, 나올 기미가 보이지 않자 아내에게 들어가 보라고 했다.

슬그머니 소파에서 일어난 아내가 막내 방으로 가는 순간, 막내가 방에서 나왔다.

말문이 닫힌 우리.

물 한 잔을 벌컥벌컥 마시더니, 내가 앉아 있는 소파 앞에 털썩 주저앉는다.

"나 승무원 시험에서 떨어졌어."

이건 또 무슨 소리일까. 갑자기 승무원 시험은 뭐냐고 물었다.

"아니 … 항공사 승무원이 멋있어 보이더라고. 그래서 나도 한 번 해보면 좋겠다 했지. 시험은 자신 있으니까 ……."

그래서 시험을 쳐서 붙었는데, 면접에서 떨어졌단다.

엄마가 불난 집에 부채질한다.

"넌 콧대가 낮아서 코를 좀 세워야 해."

"아니, 나 생긴 게 어디가 어때서? 이 정도면 이쁜 거지. 엄마는 엄마가 낳아놓고 그래. 칫! 나 어디 가도 안 꿀리거든? 내가 우리 집에서 젤 날씬해. 인정?"

늘 당당한 막내의 말에 엄마는 내내 말 폭탄을 맞고 있다. 가끔씩 막내의 말에 추임새를 넣듯 고개를 흔들어 응원해주었다.

자존감이 높았던 아이였다. 그래서인지 승무원 시험에서 떨어진 것이 내심 아쉬웠던 모양이다.

그때 승무원이 되었으면 또 어떻게 변했을까 하는 아쉬움이 나에게도 남아 있는 것처럼 말이다.

"그래 잘 다녀와. 사돈에게 안부 전해주고."

"어~ 그럴게. 언니랑 같이 들어올 거야. 일찍 와서 엄마 저녁상 도울게. 무리하지 말고 좀 기다려."

"알았어. 어여 갔다 와."

엄마의 대답엔 빨리 오라는 재촉이 담겼다.

문을 닫고 나가면서 보조개 없는 미소로 나에게 눈을 맞춘다.

"아이, 저거 어떻게 시집보내. 누가 저걸 데리고 가겠어. 내가 저놈 때문에 눈이 너무 높아진 거 같아."

내가 아내에게 흐뭇한 소리로 이야기했다.

"언니 둘 다 시집 잘 갔으니, 잘 가것제. 언니가 둘이나 있는데, 남자 하나 제대로 못 고르겠어?"

누가 막내를 데리고 갈까 하는 마음으로 닫힌 현관문에서 시선을 돌려본다.

지금 윤희가 입고 나간 저 옷.

결코 내 기억 속에서 사라질 수 없는 저 원피스.

사실 저 원피스를 사준 것은 다름 아닌 친구 기호다.

윤희는 어릴 적부터 시장에 가는 것을 좋아했다. 언니들과 오빠가 수험생 시기에 엄마 아빠를 따라다닌 것은 막내였다. 자연스럽게 나와 아내의 틈 사이에는 막내가 있었고, 그런 막내는 어디곤 따라가는 것을 좋아했다.

윤희가 입고 나간 저 원피스는 전주 모래내 시장에서 산 것이란다.

기호와 시장을 간 적이 있었는데, 저 원피스가 맘에 들어서 만지작거리다가도 살 것까진 아니어서 돌아섰는데, 그걸 지켜봤던 기호가 사가지고 와서는 선물이라고 주더란다. 지금까지 기호에게 받은 것들 가운데 젤 맘에 들었다고.

실종 당시 입고 있던 이윤희의 원피스. 2006년 5월 31일에도 입었다.

"너 너무 비싼 거 선물 받아서 나중에 코 꿰는 거 아냐?"

농담삼아 물었더니 정색한다.

"아냐 아빠. 이거 얼마 안 하는 거야. 사려다가 집에 원피스 여러 개 있는데 굳이 … 했거든. 그 돈으로 뭉이 사룟값이나 하자고. 근데 덜컥 사 와서, 뭐 … 그냥 주니까 받은 거야. 하하."

어지간해선 기호가 준 선물은 담아두기만 하고 안 쓰는데, 이건 꽤 마음에 들었나 보다 했다.

게다가 윤희 스타일이 아니라고 생각했었다. 윤희는 단색 옷을 좋아하지, 저렇게 꽃무늬가 있는 옷을 내가 본 적이 없는 것 같았다.

아무튼 맘에 든다니, 다행이라고 생각했을 뿐이다.

저녁 시간이 넉넉히 남은 시각.

막내가 언니와 함께 들어왔다. 잠시 후에 일을 마친 아들까지 모였다.

미국에 있는 큰딸을 제외하고는 다 모였다.

여느 집 가장의 생일날과 다를 게 없었다. 평온했고, 즐거웠다.

올 초에 미국에서 온 큰딸이 여름 지나고 오겠다고 했으니, 그때가 되면 다시 온 가족이 모일 수 있을 거란 기대감도 함께 가지면서 나의 생일 케이크 위에 올려진 촛불을 껐다.

그런데 … 그게 윤희가 불러주는 마지막 생일 축가일 줄은 몰랐다.

아침부터 부엌에서 달그락거리는 소리에 깨었다.

나가보니 분홍색 잠옷 차림의 막내가 설거지하고 있다.

"아빠 일어났어?"

"응. 근데 뭐해? 그냥 뒀다가 니 엄마보고 하라고 하지?"

"아냐, 설거지는 내가 엄마보다 더 잘해. 엄만?"

"나 여기 있다 … 다 들려 …….."

아내는 도와줄 요량으로 부엌으로 향했지만, 이내 막내에게 밀려 거실로 쫓겨났다.

51   2. 불길한 예감

부엌과 거실의 경계선 즈음에 뒷짐 지고 선 아내는 이내 막내와의 대화를 시작했다.

주제도 어쩜 저리 다양할까.

두 여인의 목소리와 웃음소리에 나는 애써 켠 TV의 볼륨 소리를 높여가야만 할 정도였다.

"아빠, 오늘 점심은 내가 쏠게. 알바비 받았거든."

"그래? 허허. 그냥 너 용돈이나 하지 그래."

"아니야. 내가 이번엔 아빠 선물을 제대로 못 해줘서, 오늘 점심이라도 내가 살게."

"그래 그럼. 뭐 먹을까?"

그저 기특했다. 생활비도 빠듯할 텐데, 알바비로 받은 돈으로 애비 생일날 선물을 못 해준 게 내심 마음이 쓰였나 보다.

"윤지도 같이 가나?"

"어. 언니가 집으로 오기로 했어. 좀 있다 올 거야."

어제 저녁도 같이 했는데, 점심까지 같이 한다니, 나로선 딸들을 자주 보니 좋기만 하다.

잠시 후 오랜만의 외식으로 엄마의 설거지 부담을 덜어준 막내. 그런데 얼굴이 그리 밝아 보이진 않는다.

곧 시험과 실습이 있는 걸로 아는데, 그거 때문에 긴장이 되었나 … 했지만, 고3 수능 때도 긴장을 안 하던 아이가 그럴 리가 없는데 싶기도 했다.

그렇다고 또 물어보기도 뭣해서 가끔 곁눈질로 아이의 상태를 살피는 것뿐이었다.

마침내 늦은 점심을 다 먹은 후, 윤희는 언니 집에 가서 하루 자고 가겠단다.

"언니 신혼인데 거길 왜 끼려고 그래?"

맘에 없는 농담에 윤지가 끼어든다.

"아빠, 얘는 우리 둘 사이에서도 잘 아이야. 하하."

그렇지. 사위와도 오빠 동생인 양 잘 지냈으니 말이다. 어차피 엄마 아빠랑 같이 있는 거보단, 제일 친한 언니와 함께 있는 게 좋을 테지.

"전주엔 언제 다시 가?"

"응~ 내일 점심 먹고 내려갈 거야."

"그럼 점심은 집에서 먹고 가."

"일단 보고."

엄마와 대화가 이어진다. 아내는 조금이라도 자기 품에 머물길 원하는 눈치다.

각자의 길로 헤어질 시간.

윤희는 언니의 차 쪽으로 몸을 돌렸다.

둘이서 차를 타는 모습을 보려고 빤히 쳐다보는 우리를 향해서 윤희가 차 문을 열며 한마디 한다.

"엄마, 나 죽는 꿈 꿨어. 그러니까 기도해줘, 알았지?"

그때까지만 해도 뭔 개꿈일까 했다. 자기가 죽는 꿈은 길몽이라고도 생각해서 대수롭지 않게 여겼고, 이내 난 잊어버렸다.

그런데 지 엄마는 이걸 절대로 잊을 수 없다고 기억하고 있다.

"내가 그때 윤희를 윤지 집에 안 보내고, 데리고 기도했으면 이런 일이 없었으려나 … 후회되고 그러지."

— 유튜브 인터뷰 중에

그렇게 언니 차를 타고 가는 모습이 내가 내 막내를 본 마지막 모습이라니.

2006년 6월 2일.

윤지 집에서 하루를 보낸 막내는 점심시간이 되지도 않았는데 엄마에게 전화를 했다.

"엄마, 나 지금 전주 내려가."

"왜? 집에 와서 점심은 먹고 가지."

"아니, 뭉이도 데리고 와야 하고, 과외도 있고 해서 내려가야 될 거 같아."

"그래도 잠시 들렀다 가."

"아이고, 엄마. 표 끊었어. 지금 터미널 가는 길이야. 또 전화할게."

엄마의 점심 먹고 가라는 말도 뿌리치곤, 그렇게 막내는 전주로 다시 내려갔다.

오후가 되어서 윤희에게 다시 한번 전화가 왔다.

"나 잘 도착했어. 걱정 말고~."

잘 도착했다니 다행이다. 늘 먼 길을 다니는 아이였고, 1년에 몇 번 오지 못하는 상황이니 한번 볼 때마다 애달픔이 컸다.

다시 일상으로 돌아간 윤희.

오후 늦은 시각. 집으로 가자마자 윤희가 한 일은, 맡겨 둔 뭉이와 일심이를 데리고 오는 일이었다. 기호에게 연락한 윤희는 원룸에서 그들을 기다리며 옷을 갈아입고는 저녁을 겸해서 족발을 주문했다.

이내 뭉이와 일심이를 데리고 도착한 기호.

족발을 먹으면서, 윤희가 없는 동안의 뭉이와 일심이에 대한 대화를 나눴다.

이렇게 강아지들과 조우를 한 윤희는 잠시의 짬도 없이, 다시 과외 아르바이트를 하기 위해서 일어나야 했다.

날이 너무 더웠다. 6월, 초여름 치고는 30도를 넘나드는 고온이 계속되었다.

가벼운 복장으로 과외를 가야 했던 막내. 즐겨 입는 치마에 티셔츠를 입고 원룸을 다시 나섰다.

2. 불길한 예감

일심이와 뭉이를 안고 있는 윤희.

밤 10시. 밤늦은 과외는 늘 피곤하다. 집으로 돌아오면 새벽 시간. 눈 좀 붙일 만하면 다시 일어나서 학교를 가야 하는 생활이 수년째.

그럼에도 익숙한 듯 이를 해내 온 막내가 늘 대견했다.

Ep. 01 | 매트릭스 강아지 뭉이

시츄인 뭉이는 윤희가 전북대 실습 과정에서 죽어가는 아이를 수술로
살려 데려온 아이다. 그래서인지 뭉이에 대한 애착은 남다르다.

윤희가 너무 수술을 잘해줘서일까? 뭉이는 곧 사고뭉치로 변했다. '뭉
이'라는 이름도 사고뭉치에서 온 말이다.

뭉이의 별명은 일명 '매트릭스' 강아지다. 온 집 안을 헤집고 다니는데,
당시 매트릭스에 나오는 레오(키아누 리브스)처럼 온 원룸 안을 휘젓고
다녔다.

어느 정도냐면, 베란다 싱크대를 뛰어 올라갈 정도.

문제는 내려오지는 못하는 겁쟁이기도 해서, 올라갔다가 윤희가 올 때
까지 종일 있는 경우도 허다했다.

침대와 화장대, 책상, 피아노 등 못 올라가는 곳이 없고, 집 안이 폭탄
맞은 것처럼 변해 있는 이유는 뭉이었다. 그래서 윤희는 외출할 때면,
다용도실에 뭉이를 넣어두고, 문을 닫고 외출하거나 학교에 갈 수밖에
없었다. 그렇게 갇혀 있는 아이들이 불쌍해 보였는지, 늦게 올 것 같으
면 전등 타이머를 돌려주고, 티브이도 자동으로 켜지고 꺼지게 해두었
던 것이다.

그렇다.

우리 가운데 윤희를 가장 마지막으로 본 것은, 김기호가 아니라, 바로
뭉이었다.

사실 이 일로 인해, 2009년 10월에는 동물교감 능력자인 미국의 하이

뭉이(좌), 싱크대에 올라간 뭉이(우).

디(Heidi Wright)● 씨와 공조를 진행하려 했지만, 당시 경찰의 반대로 무산된 바 있었다. 하이디가 언론의 플래시를 받을 것인데, 법정 효력이 없는 내용으로 자칫 수사에 혼선을 초래할까 우려스럽다는 것이 이유였다.

날치기 사건

2006년 6월 2일 밤 10시 30분의 과외를 위해서 나선 이윤희.
밤늦은 시각엔 택시를 이용하는 경우가 많았다. 갈 때는 그렇다
쳐도, 올 때는 택시를 이용하는 게 좋았다. 밤길도 그렇지만, 원
룸으로 들어서는 그 골목엔 예전부터 발바리라 불리는 자가 출
현하여 여학생들 사이에서는 여간 불안한 골칫거리가 아닐 수
없었기 때문이다.

막내도 언젠가 남양주에 왔을 때 그 이야기를 언뜻 했던 기억
이 있다.

"미친놈들이 많아 … 자기 알몸 보면 여자들이 좋아할 줄 아
나 봐. 정신이 나간 것도 정도가 있지."

"괜히 나서지 말고, 그런 일 있으면 그냥 도망쳐."

"그래야지 그럼. 그게 싫다는 표현이기도 하니까. 생각 같으면
확! 그냥 한 대 차주고 신고해버리고 싶다니까."

막내의 성격상 그걸 그냥 지나치지 못할 수도 있다는 생각에 만류하는 이야기를 했던 기억이다.

워낙에 더운 날이었다. 옷차림이 가벼울 수밖에 없었고, 하늘거리는 치마와 티셔츠로 노동의 무장(?)을 한 막내는 시간에 늦을까 택시를 탔다. 그 시각이 밤 10시 20분경. 택시로 10분이면 족히 갈 거리다 보니 여유가 있었다.

느지막이 시작한 과외. 어느덧 밤 12시를 넘어 6월 3일이 되었다. 꼬박 2시간의 과외 시간을 채운 막내는 피곤한 몸을 이끌고도 밝게 다음을 약속하는 인사를 전한 후에 아파트 과외 집에서 내려왔다.

밤공기가 하늘거린다. 그리 덥던 한낮의 열기도 조금은 사그라들었다. 여기저기 한밤의 불빛들은 시야 안에서 번져 온 밤을 비추는 것 같았다.

택시를 부르기 위해서 휴대폰을 꺼내 들었다. 애지중지하던 휴대폰을 만지작거리기만 하는 막내.

그리고 이내 다시 가방 속으로 넣는다.

"오늘은 좀 걸어볼까?"

그리 덥지도 않고, 바람도 훈훈히 불고, 빛들이 감싸고, 사람들의 소리가 걷는 박자를 맞춰줄 수 있을 것 같았다. 그렇게 막내는 원룸을 향해 걷기 시작한다.

원룸으로 향하는 보도가 불편했다.

안 그래도 경사가 진 보도 위를 차들이 점령하고 있었다. 여전히 장사 중인 가게엔 여기저기 테이블과 의자 들이 나와 있었고, 차량의 크기에 따라 남은 보도블록이 미로처럼 엉켜져 있었다.

게다가 보도블록은 깨지고 드러나고 울퉁불퉁한 상태라 샌들형 힐을 신고 있었던 윤희가 걷기에는 여간 불편한 게 아니었다.

"안 되겠다. 그냥 차도로 걸어야지."

보도블록과 차도가 만나는 부분은 평평해서 걷기가 편했다. 새벽 시간에 차들도 별로 없고, 걸어서 10분 정도면 도착할 수 있을 테니 조금은 위험해도 금방 지나가리라 생각했다.

그날따라 바람도 솔솔 불어왔다.

큰길로 나와 원룸으로 향하는 길로 들어선 지 얼마 지나지 않은 순간이었다.

뒤에서 막내를 향해 무언가가 달려오는 느낌을 받았고, 뒤를 돌아보는 순간에 어깨에 두른 가방이 순식간에 낚아채져 가는 것을 느꼈다.

"어! 어어!!"

단발적인 비명만 질렀을 뿐, 막내가 할 수 있는 것은 그 오토바이를 쫓아 본능적으로 달리는 것뿐이었다.

달리 손쓸 겨를도 없이 이미 지나가고 있는 스쿠터 같은 오토바이. 덩치는 작지만 요란한 소리와 조명을 단 그 오토바이를 쫓아 뛰어도 거리는 점점 멀어졌다.

이내 숨이 차오르던 순간에 막내 옆으로 차 한 대가 섰다.

"같이 잡으러 가요!"

대답할 겨를도 없이 이미 몸은 차에 오르고 있었다. 멀어지는 듯했던 오토바이는 점점 가까워지고 있다.

"저 오토바이예요!"

모두 다 알고 있었지만, 확신을 가지고 싶었던 막내. 얼마나 쫓았을까. 전속력으로 고속버스터미널 쪽으로 향하던 오토바이를 차가 거의 따라잡았을 때였다.

그 순간 갑자기 오른쪽으로 꺾으며 좁다란 골목으로 향하는 오토바이.

쫓아가던 차는 도저히 들어갈 수 없는 폭이었다.

'웅~' 하는 오토바이 소리가 점점 멀어져갔다. 마지막으로 희멀겋게 본 막내의 가방이 자꾸 뇌리에 남는다.

"이제 어떡하죠?"

"놓친 거 같아요 … 아무튼 너무 감사합니다."

"제가 댁까지 바래다 드릴게요."

차 안은 정적으로 무거웠다. 도움을 준 사람이 누군지도 모르고, 그 옆에 앉은 여자친구처럼 보이는 여자도 말이 없다.

부탁한답시고, 휴대폰을 빌려 둘째 언니에게 자초지종을 대략 이야기하는 이윤희.

"응, 그러니까 … 에효 … 뭐 어쩌겠어. 아무튼, 언니 나 이거

빌려서 쓰는 거니까 일단 끊어. 방에 들어가서 네이트온으로 메시지 남길게 … 어, 걱정 말고~."•

덕진 소방서 앞에서 내려달라고 한 이윤희.

연신 감사의 인사를 해대고 자신을 도우려던 차가 멀리 사라지는 것을 바라본다.

원룸으로 향하는 발걸음을 떼어보려 하지만 뭔가 뇌리를 스치는 게 있다.

발길을 돌려 건널목을 다시 건넌다. 이윤희는 기호의 원룸으로 향했다.

이윤희 원룸에서는 걸어서 5분도 채 안 되는 거리. 입구는 비밀번호를 눌려야 들어갈 수 있는, 당시로서는 보안이 잘 되어 있는 곳이었다.

물끄러미 기호의 방 창문으로 눈을 돌리는 윤희.

녀석의 방 불빛이 꺼져 있다.

"이 자식은 이 시각에 자는 거야, 어디 간 거야?"

짧은 한숨과 함께 다시 자기의 원룸으로 향한다. 원룸에 돌아온 이윤희. 오늘 있었던 일들을 하나씩 복기해본다.

• 이렇게 통화한 기록이 함께 날치기범을 쫓았던 운전자 남자의 휴대폰에 남겨져서인지는 몰라도, 추후에 둘째 딸에게 운전자의 여자친구라며 전화가 와서는 다짜고짜 윤희의 행방을 물었었다고 한다. 둘째 딸도 지지않고 퉁명스럽게 받아친 적이 있었다고.

'내가 과외를 마치고 나온 시간이 대략 12시 한 35분 좀 넘어서고 … 천천히 걸어서 대로변까지 나온 게 한 5분? 10분? 그러니까 … 12시 45분에서 좀 걷다가 그랬으니까 … 12시 50분쯤인가? 아, 몰라. 내일 생각하자. 머리 아프다. 일단 좀 씻자.'

샤워를 대충 하고 머리에 수건을 두르고는 침대에 벌러덩 드러눕는 이윤희. 그래도 머릿속이 복잡하다.

다시 일어서서는 컴퓨터를 켠다. 벌써 시계는 새벽 1시 40분을 가리키고 있다.

네이트온을 들어가는 이윤희.

아까 밤늦게 모르는 사람 전화번호로 전화해서는 다짜고짜 날치기당했다고 말해준 언니가 놀랐을 게 걱정되어 메시지를 남겨야겠다고 생각했다.

〈언니, 아깐 놀랐지? ㅠㅠ 나도 뭐가 어찌 된 건지 모를 정도로 순식간이라 … 가방을 날치기 당한 거도 억울하지만 순간 생각나는 폰번호가 언니밖에 없더라고 … 친구 헛 사겼나봐 ㅠㅠ 다행히 같이 쫓아가 준 사람이 있었는데 그분 폰으로 연락하게 되었네 … 피같은 내 폰~ 산 지 얼마 안 된 새건데 … ㅠㅠ 지갑이랑, 다이어리랑 죄다 없어졌엉. 내일 토요일이라 월요일이나 되야 폰 개통할 수 있을 거 같은디 … 암튼 언니 나한테 연락할 일 있음 희원이한테 연락하거나, 급한 거 아니면 네이트온으로 메시지 남겨 놔! 오

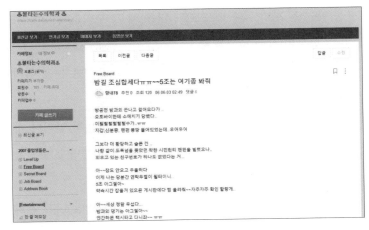

이윤희가 학과 게시판에 남긴 글.

늘 놀라게 해서 미안~ 그래도 좀 무서웠는뎅, 언니랑 통화하고 좀
진정되었으~ 고마브이~〉

한참을 치던 자판을 놓고, 이제 모니터를 응시하는 윤희. 이제
서야 조금은 안도가 되는지 다시 냉철해지기로 한다. 이것저것
블로그 글들을 뒤져보던 이윤희.
'아 참, 애들이 나한테 연락이 안 되지? 카페에 글 하나 남겨둬
야겠네.'
이내 학과 카페로 가서는 글을 남긴다.
새벽 3시가 넘은 시간.
놀란 가슴을 쓸어내리며, 이윤희는 잠을 청한다. 불안감에 자

2. 불길한 예감

는 둥 마는 둥 했다. 컴퓨터도 끄지 않은 채 그 모니터의 빛을 고스란히 받으며 잠을 청했을 뿐.

얼마나 잤을까. 평소처럼 눈이 번쩍 떠진 이윤희는 눈을 비비고 일어나서는 뭉이와 일심이를 챙긴다.

"야, 이것들아, 니들 엄마가 어제 뭔 일을 당했는지 알기나 하냐? 이 쫘아식들이 고생한 이 엄마 위로는 못 해줄망정 똥칠을 해놨네. 으이그 ……."

그래도 이 녀석들이 있어서 혼잣말로라도 위로받는다. 밥도 챙겨 넣어주고, 물도 갈아주고, 베란다 문을 열어두니, 다시 활개를 치는 뭉이.

"하하하. 그래 내가 너 땜에 산다."

아침 먹을 생각도 없다. 여전히 어제의 악몽 같은 일이 자꾸 뇌리에 박힐 뿐.

팔을 아래로 휘저으며 억지로인 듯 컴퓨터 앞에 다시 앉았다. 어제 그런 일이 있고 나서 언니에게 보낸 메시지의 답장이 와 있나 보기 위해서다.

아직이다.

하긴. 오늘 토요일인데 늦잠 자겠지.

세상 돌아가는 일이라도 알려니,

'휴대폰을 다시 해야 하나 … 산 지 얼마 안 된 새 폰인데 …'

일단 오늘 문을 여는 대리점이 있나 인터넷 검색을 해본다.

"세상이 바뀌어도 통신사는 주 5일이구나."

이내 오늘 개통이 불가함을 확인한 윤희는 다시 통신사 홈페이지로 향한다. 도대체 내 폰이 어디서 발신이 이루어졌는지는 확인해봐야 하니 말이다.

역시나 … 월요일이 되어야 하나 보다. 에이, 그냥 학교나 가야겠다 싶다.

세상이 어찌 돌아가는지 알려면, 밖으로 나가는 수밖에.

학교는 평소와 다를 바 없는 하루를 보내고 있었다. 그래도 희원이가 위로해준 덕에 조금은 위로가 된다.

"아 참, 과수첩이 있었지? 얻다 뒀더라…….."

수첩이 이쁘지도 않고, 쓰던 다이어리가 있었기 때문에 나중에 대충 낙서용으로 쓰려던 게 있었다.

대충 기억나는 것들을 메모해두고, 연락처도 좀 적어두고 해야겠다 싶었다. 머리가 하얘졌는지, 기억도 안 난다. 그래도 전에 끄적거리던 게 있어서 그나마 다행이다.

5월에 뭔 일이 있었나 … 돌이켜보며 희원이에게 물어가면서 대충 채워 넣어본다.

희원이 휴대폰 번호를 받아서 옮겨 적고, 희원이 휴대폰 연락처에서 내가 알아야 할 사람들 연락처를 옮겨 적었다.

희원이 휴대폰으로 다시 언니에게 전화를 했다.

"언니, 어~ 이제 일어났어? 뭐 … 그러게 … 그건 그렇고, 이

당시 이윤희가 날치기 당했던 폰의 설명서만 원룸에 덩그러니 남았다.

거 희원이 폰이거든? 무슨 일 있으면 여기로 전화해. 희원이가
그럼 알려줄 거야. 알았지? 응~."

　28년을 살 부딪히면서 산 언니의 목소리를 들으니, 그제서야
안도가 된다.

　불편하기 짝이 없던 6월 3일의 하루.

　그날도 그렇게 지나가고 있었다.

　무슨 액땜을 연초도 아니고, 연중 그것도 딱 중간에 하나 …
싶었다.

　남양주에서 그런 꿈을 꾼 것도 다 이것 때문이라 생각하고 스
스로를 위로해본다.

다시 정신 차리자고 다짐해본다. 그나저나 … 휴대폰은 어쩌
냐… 50만원씩이나 주고 산 비싼 놈인데.

6월 4일.

일요일이다. 눈을 떴는데 모처럼 평온하다. 눈만 몰래 떴을 뿐
인데, 뭉이랑 일심이는 어찌 눈치를 챘는지 베란다에서 아우성
이다. 모른 척해본다.

"틸티르르르…"

끄지 않았던 컴퓨터는 여전히 가끔 자신이 살아 있음을 증명
해내듯 팬 돌아가는 소리를 낸다.

골목길 쪽에서는 오늘도 무슨 이벤트가 있는지, 연신 앞집 아
주머니들의 수다 소리가 한참이다. 묘하게 섞이는 전라도 사투
리와 어딘지 모를 사투리들이 한데 섞여서, 도무지 무슨 말인지
모르게 흐른다.

뿌연 천장만 나를 바라보고 있다.

덥다. 오늘도 더울 것 같은 예감이다.

"일어나자 ……."

조금은 무거운 몸을 90도로 만들어본다.

베란다에서는 두 놈의 강아지들이 지들 주인의 생존 소식에
막무가내로 기쁨을 나타내고 있다.

"조용히 좀 해! 이것들이 ……."

소용없는 외침인 줄 알면서 늘상 하는 목 가다듬는 소리다.

냉장고를 열어봤다. 다행히 물이 있다. 먹고 남은 라면 반 개를 향해 왼손이 뻗어간다.

드디어 베란다의 문이 열리고 … 뭉이의 미쳐 날뜀을 일단 목소리로 제압해놓는다.

"뭉! 시끄럽게 하면 다시 베란다 문 닫을 거야!"

눈치는 오백 단이다. 녀석들의 배고픔을 채워주고는 머리를 뒤로 다시 묶는다.

라면 반 개를 끓여 먹고는 컴퓨터 앞에 앉았다. 학과 카페에 다시 들어가 봤다. 아직 글 읽은 놈조차 없다. 하긴 이제 몇 시간 지났을 뿐이니까.

피식 웃으면서 본격적으로 내일 실습과 시험을 대비하기 위한 공부를 시작한다.

학교에 갈까 말까 하다 말았다. 대충 네이트온으로 소식이나 알리고, 내일을 위해서 재충전하며 원룸에서 편히 쉬고 싶었다. 조용히 혼자 즐기는 맛이란 게 있는 법이니까. 무탈하게, 또 하루가 지난다.

또다시 밤이 되었고, 여전히 켜져 있는 컴퓨터를 뒤로 하고 스트레스도 풀 겸 빨래를 세탁기에 돌린다.

TV에서는 온통 2006년 월드컵에 관한 이야기들이다.

그랬지 … 나도 2002년에는 미친 듯이 응원하고 그랬지. 이화여대를 졸업하고 전북대 편입을 준비하면서 맞이했던 2002년 한일 월드컵이었다. 그래서인지 온전히 월드컵을 즐길 순 없었던 기억이다.

그래서인지 윤희에겐 2006년이 월드컵을 온전히 즐길 수 있는 해이다. 게다가 6월 9일이 개막이니, 시험도 끝나 있을 터, 이 얼마나 큰 기쁨인가.

그런 생각도 잠시.

다시 컴퓨터 책상에 앉아 내일 있을 실습을 복기해본다. 액땜을 제대로 했다고 하지만, 이 기분 나쁜 일이 시험에까지 미치지 못하게 하려면, 마음을 다잡고 열심히 집중하는 수밖에.

시계는 벌써 5일이 되었고 새벽 2시 반을 가리킨다.

"내일을 위해서 잠은 좀 자야지."

모처럼 컴퓨터에도 휴식을 줘야겠다 싶다. 어딘가에 메시지를 남기는 이윤희. 답장이 오길 한참을 뚫어지게 바라보다 답장을 보곤 이내 피식 웃는다.

그러고는 이내 오랜만에 컴퓨터를 끈다.

일요일까지 무난하게 지났다.

날치기당한 날의 기억도 조금씩 흐려지기 시작했다. 이제는 집중해야 하는 날이다. 1학기 실습이 있는 날이기 때문이다.

아침부터 부산하다.

방 안이 어수선하다. 책상 위는 책과 프린트물로 북적이고, 방 안은 건조대에 널어둔 빨래로 북적이고 있다.

개고 나가려니 시간이 애매하다. 나중에 다녀와 개면 되겠다 싶어, 건조대에서 남양주 갈 때 입었던 원피스만 꺼내 입는다.

"오늘은 시험 말고도 할 일이 많아. 이윤희! 정신 차리자."

자기 최면을 걸며 원룸을 나서 학교로 향한다.

학교가 좋긴 좋다. 날치기 소식을 아는 친구들이 어찌 됐냐며 안부를 묻는다. 마치 화제의 인물이라도 된 기분이다.

'아, 맞다! 내 휴대폰!'

"희원아, 너도 SK지? SK텔레콤에 전화해서 내 휴대폰 최종 신호지 같은 거 좀 확인하자."

"그래."

서둘러 희원이의 폰으로 통신사에 전화했다. 몇 가지 본인 확인 절차를 마치고 나서는 상담사가 최종 신호가 뜬 곳의 위치를 이야기해준다.

"전북대학교 내에 있는 삼성회관입니다."

말 떨어지기가 무섭게 희원이를 바라본다. 희원이도 동참하겠다는 눈빛이다.

곧장 이윤희와 희원이는 삼성회관으로 향했다.

생각보다 크다. 게다가 오늘따라 더 커 보인다.

"여기서 어찌 찾지?"

"일단, 화장실이나 휴지통이나 뭐 이런 데를 잘 찾아보자."

오히려 이윤희를 응원하는 희원.

그리고 얼마나 찾았을까. 다음 수업 시간이 다가온다.

"없나 봐 ……."

"신호가 여기라고 여기 있으란 법은 없지 … 대충 한 50미터 정도는 오차가(?) 있다고 하던데."

"어쩔 수 없지 뭐. 수업이나 들으러 가자."

"나중에 다시 찾으러 와보자."

"그래, 암튼 고마워."

희원이의 응원에 한결 마음은 가벼워졌다. 그래도 휴대폰 찾는 노력은 했으니, 다시 휴대폰을 사더라도 마음이 덜 미안할 거 같다.

점심시간이 되었다.

"아 … 그게 어디 있더라 … 내가 안 들고 왔나?"

"언니, 뭐 찾는데?"

"아니 … 마취 빨리 깨는 약을 내가 들고 온 줄 알았는데, 안 보이네. 방에 두고 왔나?"

"시간도 있는데, 갔다 와요."

"같이 갈래?"

"네, 좋아요."

전소영. 과에서 단 한 번도 1등을 놓친 적 없는 무적인 녀석이다. 원래 성격이 착한 아이지만 원룸까지 같이 가준다니 고맙기도 했다. 아니었으면 터덜터덜 혼자 갔거나, 포기했을 텐데 말이다.

그렇게 점심시간이 되어서 원룸에 들렀다.

"내가 금방 찾을 테니까, 넌 잠시 앉아서 기다려."

"네."

소영이의 눈에 들어온 원룸 안은 복잡했다.

강아지들은 베란다에서 날뛰고 있었고, 원룸 안은 빨래 건조대가 펼쳐져 있는 데다가, 제법 많은 양의 빨래가 있었다.

조그만 찻상이 하나 펼쳐져 있었는데, 그 위에는 커피를 다 마신 잔이 하나 올려져 있었고, 커피가 흘러넘친 건지 동그랗게 커피 자국이 찻상에 있었다.

앉을 곳이 마땅치 않던 소영이는 찻상을 앞에 두고 침대에 걸터앉을 수밖에 없었다.

3분쯤 지났을까. 커피잔을 만지작거리고 있던 소영이에게 윤희가 말한다.

"아이 참. 분명히 여기 어디 있었는데 … 어디 갔지? 안 보이네."

"언니, 그거 없어도 실습은 할 수 있으니까, 그냥 담에 천천히 찾아요. 우리 이제 또 수업 가야 해요."

"그래야겠다. 괜한 발걸음을 했네. 에고 ……."

허탕을 친 것도 그랬지만, 거기까지 따라와 준 소영이에게 멋쩍은 이윤희. 괜히 더 투덜거린다.

시간은 실습 시간을 향해 달려가고 있다.

5조였던 이윤희는 소영이 등과 함께 수술해야 했다. 수술 과목은 Thorectomy, 즉 흉곽절제술.

1층 수술실에서 있는 수술.

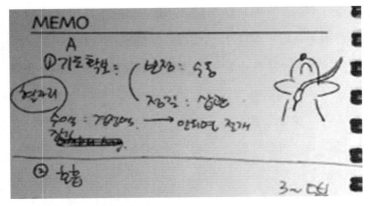

이윤희가 과수첩에 남긴 수술 관련 메모.

수술하는 날이면 모든 말초신경이 손끝과 머리에 집중되는 듯하다. 안 그래도 하얀 피부가 투명하게 될 판이었다.

수술 준비로 정신이 없을 때였다. 학과 조교로도 일하는 동갑내기 친구 한 명이 찾아왔다.

"윤희야."

"어, 승원아. 웬일이야?"

"너 날치기 당했다면서? 괜찮냐?"

"뭐 어쩌겠어. 그래도 살아가야지. 하하."

"휴대폰도 잃어버렸다며?"

"그게 젤 아쉽네. 산 지 얼마 안 된 데다가 비싸게 주고 산 건데……."

"새로 폰 살 거야?"

"글쎄 … 고민 중이야 안 그래도. 새로 사려니 부담되고, 안 사려니 방법이 없고 …….'"

"내가 중고로 폰이 하나 남은 게 있는데, 새 폰 살 때까지 쓰던가."

"그래? 너 있어? 나야 좋지? 비싼 거 아냐?"

"중곤데 뭐 비싸겠어. 근데 오늘은 내가 안 가지고 왔고, 내일 오후에 잠시 보던가."

"그래그래. 내일 오후에 학교에서 보자. 내가 네이트온 메시지 보내놓을게."

"그래, 그럼 내일 봐. 연락하고."

"어 그래, 고마워!"

"오늘 실습 잘하고, 쫑파티도 잘하고."

"그래 내일 봐."

하나는 해결된 것 같다. 하루만 버티면 휴대폰이 다시 생긴다. 고민거리 하나가 해결되니 오늘 하루 왠지 실습도 잘 될 것 같다.

해는 여전히 중천에 떠 있는 것 같았다. 끝난 시험에 대한 안도감과 아쉬움이 뒤섞인 표정들이다. 그 속에서 윤희의 마음은 심란했다. 오늘 수술을 자기 때문에 망친 것 같이 느껴졌기 때문이다. 조원들에게도 미안하고 면목이 없었다.

2. 불길한 예감

이틀 전에 당한 날치기의 여파 탓일까? 여전히 긴장되고 손발이 떨리는 것은 어찌할 수 없었던 걸까.

다른 조의 회원이가 찾아왔다.

"너 왜 그래? 어디 아파?"

"아니. 나 때문에 실습을 망친 거 같아."

"설마. 내가 이윤희를 몰라? 괜히 모든 문제를 네가 떠안은 거처럼 그러는 거 같은데?"

"아니야……."

"괜찮아. 안 괜찮아도 어떡해. 이제 끝났는데, 스트레스 풀어, 응?"

"응, 알았어."

대답조차 시큰둥하다. 그저 혼자 가만히 있으면 좋겠다 싶었다. 얼른 원룸으로 돌아가서 아이스크림이나 사서 퍼먹으면서 뭉이랑 놀았으면 싶은 생각이 굴뚝 같다.

"누나, 가자!"

얼마 떨어지지 않은 곳에서 나를 부르는 선수. 멍 때리고 있던 윤희를 몇 번 불렀던 모양이다.

"어, 그래."

마지못해 간다고는 했지만, 왠지 내키진 않는다.

그래도 조원들에게 미안함을 전하기 위해서라도 조원 쫑파티에는 가야겠다는 생각이 든다.

1차 뒤풀이와 2차 종강 파티

1차로는 각 조별로 모여서 쫑파티 겸 회식을 하고, 2차로 과 전체 회식이 있었다.

삼겹살집. 1차 쫑파티가 있던 장소였다.

마음에 품고는 못 사는 성격이라, 이내 조원들에게 미안함을 토로하는 이윤희. 그리고 모두 괜찮다고 하는 조원들.

"난, 2차 쫑파티엔 안 갈래."

"에이, 누나. 지금 그 기분으로 가면 더 그래. 그냥 와서 풀고 해요. 다른 친구들도 오고, 교수님들도 오신다는데."

"글쎄 ······."

내심 가기 싫었던 모양이다.

그래도 교수들까지 온다는데 안 가기도 힘들다. 선수의 휴대 폰을 빌려서 희원이에게 전화를 걸어본다.

"희원아, 너 2차 쫑파티에 올 거야? ··· 응 그래, 알았어. 어, 몰라 … 생각 중이야. 응 … 응 … 알았어. 그래, 알았어. 그래, 그럼 나도 너 갈 때 가야겠다. 그래, 있다 봐."

희원이가 2차에 간다고 하니, 그나마 좀 마음이 놓인다. 선수도 있고 하니 … 가볼 만하단 생각이 든다.

희원이는 그래도 12시 전에 집에 갈 생각이라고 하니, 그때 같이 나가면 되겠다고 생각했다.

밤 9시가 넘었다.

1차 삼겹살집에서의 쫑파티도 끝나간다. 10시까지 모이기로 한 호프집으로 가려면 이제 일어날 시각이다.

가게 입구 앞에서 낯익은 얼굴이 두리번거리면서 이 안을 훔쳐보고 있다. 기호다. 자신의 조와 함께 1차 쫑파티를 끝내고 윤희가 있는 곳으로 일부러 온 것이다.

이윤희가 있는 곳이면 지옥이라도 쫓아올 놈인 듯하다. 과연 이놈이 이윤희의 일거수 일투족을 모를 수 있었을까?

이윤희 앞에 있던 선수가 자기 앞에 있던 소주잔을 이내 들이킨다.

"나 먼저 가 있을게."

"같이 가."

"아니, 나 편의점에 잠시 들렀다 가려고. 먼저 나갈게."

일부러 피하는 건지 … 기호와 선수의 관계는 참 애매하기 그지없다.

이 그림 언젠가 많이 본 그림이다.

조금은 불편한 마음을 가지고 윤희는 기호에게 갔다.

"야, 여기까지 뭐 하러 오냐? 좀 있으면 보는데."

"아니 지나가는 길이었는데 네가 있더라고."

"웃기고 있네. 그걸 믿으라고? 그건 그렇고, 네 폰 좀 줘봐."

말없이 자신의 폰을 건네는 기호.

"어, 언니. 어~ 내가 오늘도 폰을 못 했어. 승원이가 중고폰이 있다고 그래서 내일 받기로 했거든. 그래서 내일 폰 받고 다시 연락줄게. 그동안 뭔 일 있으면 여기 기호 폰으로 해. 어 … 아~ 희원이 내일 어디 간다고 그래서. 어어. 그래 알았어. 잘 자! 난 좋파티 중이야. 어~ 끊어~."

"언니야?"

"그럼 누구겠냐? 우리 언니한테 호옥시나 전화 오면 바로 이야기해 알겠지?"

"어, 그래."

"쓸데없이 우리 언니한테 전화하고 그럼 너 죽어, 알지?"

"알았어~."

티격태격하면서 2차 장소인 어반호프집으로 향하는 기호와 윤희.

이미 여러 사람들이 와 있다. 다들 멀쩡해 보이진 않는다. 이미 취한 사람들도 있다.

희원이가 온다.

"많이 마셨어?"

"아니, 그냥 한 잔 정도? 나 소주 못 마시잖아."

희원이랑 앉아서 휴대폰 이야기를 더 하고 있는데, 자연스레 윤희 테이블에 교수와 기호 등이 자리 잡고 앉는다. 그렇게 2차 종강 파티의 서막이 오른다.

Ep. 02 | 알탕맨 사건

2006년 5월의 어느 날.

이윤희는 선수와 학교 근처 식당에서 식사 겸 술을 한잔 하고 있었다. 이때 나타난 기호가 들어오자마자 윤희를 향해 고함을 지르기 시작했다.

내용인즉슨, '나는 너를 위해서 이렇게 옷까지 사서 찾아다니는데, 연락도 안 되고. 너는 여기서 남자랑 술 마시고 있냐.'는 식이었다. 윤희는 다 듣지도 않고 화가 난 상태로 그 자리에서 나갔다. 당시 윤희는 좀 취한 상태였다고.

그 옷이 바로 이윤희가 입고 사라진 당시의 옷이었다.

여행 중의 이윤희.

기호와 선수는 1시간가량을 이윤희를 찾으러 돌아다녔다고 한다. 윤희의 원룸에도 가보았는데 없어서, 기호는 원룸 근처에서 기다리고 선수는 구 정문 쪽에서 찾고 있었는데, 신 정문 옆길 쪽에서 윤희가 어떤 남자랑 걸어왔다.

선수는 곧바로 건너가면서 "윤희 누나" 하고 불렀는데, 동행하던 남자가 윤희 옆을 떠났다고 한다.

웬 남자랑 같이 오는 거냐고 선수가 물었더니

"집에 가는 길이었는데 그 사람이 술 한잔하지 않겠냐고 해서 같이 알탕에 소주 한잔 하고 오는 길이었는데, 남자가 자꾸 데려다주겠다고 따라오잖아. 무서웠는데, 네가 와서 다행이다." 했다고.

어반호프집에서

   어반호프집은 너무 크지도 않고, 그렇다고 아주 작지도 않은 곳이다. 30~40명이 빌려서 쫑파티 하기엔 최적화된 곳이다.

   한 가지 문제가 있다면, 화장실이다.

   남녀 공용 좌변기가 있는데, 문 하단이 10센티미터 정도 뚫려 있어, 누가 있는지 없는지 그림자가 보일 정도다. 물론 안팎의 소음도 고스란히 다 들린다.

   하지만 사람들이 워낙 자주 들락거려서 화장실에서 어떤 소란이나 문제가 있던 적은 없었다.

   그럼에도 불구하고, 찜찜한 건 어쩔 수가 없다.

   10시가 좀 넘어서 시작된 2차 종강 파티.

   시간이 어느덧 흘러 12시를 향해 가고 있는 상황. 누군가가 제안을 하면서 갑자기 팔씨름대회가 열렸다.

   워낙에 강골인 이윤희는 단번에 우승 후보로 꼽혔다. 남자들도 윤희를 쉽사리 이기기 힘들었다.

밥 먹을 때는 젓가락으로 깨작거리는 아이가, 도대체 어디서 힘이 나오는지 의문이 들 정도였다.

가끔씩 가족들이 집에 모이면 팔씨름을 하곤 했는데, 여기서도 윤희는 단연 돋보였다.

그나마 기분이 많이 좋아진 윤희. 여기저기서 떠드는 소리가 들리고, 그런 윤희를 희원이가 웃으면서 바라보고 있다.

'그냥 혼자 갈까 … 모처럼 저렇게 즐겁게 노는데. 그래도 간다고 말은 해야겠지? 그러다 나까지 붙잡히면 어떡해.'

고민을 이어가던 희원이는, 기호에게만 먼저 간다고 이야기해둔다. 이 말을 옆에서 같이 듣고 있던 소희.

"오빠, 나중에 윤희 데려다줄 때 나도 같이 가자. 내 방도 그쪽이니까 같이 좀 데려다줘."

소희가 기호에게 말했다.

"그래 알았어."

기호가 멋쩍은 듯 말했다. 왠지 자신이 윤희를 데려다줄 정도의 친분을 넘어 그녀와 연인 관계임을 누군가가 인정해주는 것 같아 기분이 좋기도, 좀 애매하기도 했다.

윤희가 좋아서 쫓아다니기 전, 기호가 좋아했던 게 바로 소희였으니까. 그런 소희가 자신을 윤희랑 더 가까운 사이로 봐주는 것에 여러 감정이 복합적이다.

"나 먼저 데려다주고, 윤희 언니 집에 바래다주면 딱 좋겠네. 그게 오빠한테도 좋지?"

그리 물으며 쳐다보는 소희의 눈빛에는 핀잔이 한소끔 들어가 있는 것 같다.

"알았대두."

시큰둥한 반응이었지만, 기호는 그 동선이 싫진 않았다. 어쨌든 윤희와 둘이서만 있을 수 있는 순간이 생기니 말이다.

어느새 팔씨름을 다 하고 돌아온 윤희. 기호가 말한다.

"희원이가 너 재밌게 노는 거 보니 좋다고, 그냥 자기 먼저 조용히 가겠다고 하더라."

"그랬어? 계집애, 그래도 같이 가자고 하지."

그때부터일까. 연신 가게 안에 걸려 있는 시계를 쳐다보기 시작한다.

이제 시계는 12시를 넘어섰다. 종강 파티는 끝날 줄을 모른다. 제법 하루치 양의 맥주를 마신 이윤희. 그 부작용은 역시나 화장실에 가는 것이다.

"네가 화장실에 날 따라왔냐?"

"내가 미쳤냐? 화장실을 따라가게."

윤희의 질문에 당황한 듯 대답하는 기호.

"아님 됐고."

별일 아닌 척 다시 소파 의자에 몸을 기대는 윤희.

2. 불길한 예감

그리고 이어지는 교수의 설교들. 옆에서 장단을 맞추며 들어
주는 것도 곤욕이었을 게다.

얼마나 지났을까, 다시 화장실에 다녀온 이윤희.

"야, 너 나랑 자리 좀 바꿔."

윤희는 기호에게 자리를 바꿔 앉자고 했다. 교수 바로 옆자리
가 불편한 점도 있었겠지만, 여차하면 빨리 자리를 빠져나가기
위한 포석이기도 했을 것이다.

주위를 둘러보니 여전히 다들 신나 있다.

이제 방학이라는 안도감이 배여 나오는 웃음들에는 이제 한
학기 남았다는 희망도 섞여 있는 듯했다.

그렇게 2차 종강 파티는 무르익어 가고 있었다.

갑자기 나간 윤희와 기호

다시 벽시계를 바라보는 이윤희.

이미 날은 바뀌어 6일이 되었고, 새벽 2시를 향해 가는 초침은 느려 보이기만 하다.

어제도 새벽 늦은 시간에 토막 잠을 잔 이윤희였기에 피로감이 몰려오기 시작했다.

주변을 둘러보니, 여전히 끝날 기미가 보이지 않는 파티. 이쯤 되면 교수들이라도 그만하자고 해야 할 것 같은데 … 싶다.

군데군데 자리를 뜬 친구들이 보이고, 억지로 앉아 있는 친구들도 보이고, 몇몇만 신이 나서 떠들어 대고 있는 거 같다.

도저히 피곤한 몸을 가누기도 힘들고, 나라도 이제 피곤하다고 온몸으로 말해줘야 하나 싶은 생각이 든 윤희는 테이블에 머리를 기대고는 기호에게 물어본다.

"이제 다 끝나가나?"

당시 종강 파티장이었던 어반호프집의 내부. 정면의 나무색 문이 화장실이었다.

윤희의 질문을 들은 기호는 몸을 돌이켜 상황을 본다. 이때 참석했던 교수 2명 가운데 한 명이 일어나 계산대로 향하며 지갑을 꺼낸다.

"어, 그런 거 같은데?"

테이블에 구겨 올려놨던 몸을 일으키는 윤희. 주변을 둘러보고는 빛의 속도로 몸을 일으켜 가게의 문 쪽으로 향한다. 이때다 싶어 자리를 뜨는 것이다.

본능적으로 그걸 간파한 기호.

소파 의자에 있던 윤희의 가방을 낚아채듯 들고 윤희를 따라나선다.

윤희를 놓칠세라 계단을 뛰어 내려간 기호. 이내 윤희는 뛰기 시작한다.

"야, 안 그래도 힘든데 왜 뛰어?"

말이 없이 뛰는 윤희. 그러고는 골목길에 접어들자 걸음으로 바꾼다.

말없이 걷는 윤희를 말없이 따라가는 기호.

이내 둘은 윤희의 리드로 대화를 이어간다. 수술 이야기, 오늘 쫑파티 이야기 등을 하다 보니 어느새 덕진 소방서 앞 건널목이다.

"오늘은 피곤할 테니, 여기서 헤어지고 너도 들어가 쉬어."

"그래도 내가 원룸 앞까지 데려다줄게."

"아니 됐어. 너도 여기서 가. 가방 줘."

윤희가 그렇게 하자면 그렇게 했던 기호이기에 더 이상 이야기하진 않았다. 조용히 윤희에게 윤희 가방을 건네는 기호.

"잘 가."

짧은 인사를 뒤로하고, 공업사 옆 골목길에 들어서는 윤희.

그냥 보내긴 싫은 기호는 몰래 이윤희를 따라가기로 한다.

골목길 언저리에 오르자 조용히 따라가서, 내리막에 접어든 윤희를 종종걸음으로 발꿈치를 들어서 조용히 따라가 보는 기호.

굳이 그랬어야 했을까 싶은 짓을 나중에 둘째 딸 윤지는 이렇

이윤희가 마지막으로 K(기호)에게 목격된 원룸 쪽을 향하는 골목길. 한밤중엔 조명도 별로 없어 어두컴컴했다.

게 회상했다.

"너무 소름 끼쳤다!"

어찌 되었든 기호의 기억 속 이윤희의 마지막 모습은 원룸으로 들어서는 옆모습을 본 것이라고 했다.

물론 이것은 기호의 기억과 증언에 의존한 것이고, 이 증언이 거짓말 탐지기 등에 의해서 직, 간접적으로도 진실 반응이 있었음으로 인해 사실이란 전제로 정리해 본 것이다.

물론 이와는 다른 의견을 가지고 있는 사람들도 많다는 것을 안다. 나 역시 충분히 그 전제와 의견에 동감한다.

간단히 그의 행동에 대해서 기술하자면, K(앞선 글에서 '기호'(가명))의 성격상 당시 이윤희의 조금은 상이한 행동(먼저 가라고 하거나, 급하게 종강 파티장을 나온 것, 나오자마자 골목길까지 뛴 것 등등)에 의구심이 들었을 것이고, 그래서 이윤희가 원룸에 들어간 뒤 불이 켜지고 일정한 소음이 이윤희 방으로부터 나올 때까지 그 주변을 서성이고 있었을 수도 있지 않을까? 그 와중에 M양(앞선 글에서 '소희'(가명))에게 전화가 왔고, 이를 받기가 힘들었을 것이다. 물론 M양이 건 전화지만, S군(앞선 글에서 '선수'(가명))의 전화번호였다. 누구에게도 방해받고 싶지 않은 순간이란 건 존재한다. 바로 그 순간이었을 수 있다는 것이다.

이런 시간과 공간을 어쩌면 애타게 기다렸던 K가 이윤희의 원룸 쪽으로 향해 진입하는 누군가를 목격했을 수도 있을 것이다. 그렇다면 그자를 보고도 말을 하지 않았다는 것인가? 하고 반문할지도 모르겠다.

만일에 그가, 자신이 어찌할 수 없을 정도의 권한과 권력을 가진 자임을 알아챘다면. 과연 쉽사리 그걸 발설할 수 있었을까 … 하는 의견 또한 있음을 안다.

모든 경우의 수를 다 놓고 이야기하면, 이 글은 아마 장편소설이 되어야 할 것이다. 하지만 어느 의견이라도 무시할 순 없지 않은가?

선택과 집중의 시간이다. 하나씩 따져볼 필요는 충분히 존재한다.

아무튼, 6일 오전 2시경. 종강 파티장을 나선 이윤희는 늦어도 2시 30분 전에는 자신의 원룸에 들어갔을 것으로 보인다.

이제부터는 아비로서 이윤희가 사라진 사건에 관해서 이야기하는 것은 잠시 접도록 하겠다.

지금까지 확인된 팩트와 함께 정황증거를 토대로, 그나마 가장 가능성이 높은 이야기를 해야겠다. 나는 나에게 시간이 얼마 남지 않았음을 직감한다.

이미 18년간 재수사를 거듭한 사건이지만, 사실 어떠한 진전된 이야기도 들리는 바가 없다.

그만큼 어려운 사건이라서 그럴 수도 있다. 한편으로는 정말 18년간 제대로 사건을 해결하려는 의지를 가지고 접근을 했던 것일까를 되짚어보지 않을 수 없을 것 같다.

나는 87세의 노인이다. 내가 사건을 풀려고 애를 써본들 그것에 한계가 있다는 점을 안다. 게다가 수사 진행 과정을 모르는 상황에서, 내가 할 수 있는 것은 나에게 주어진 조각조각의 정보와 기록 들을 가지고 조합해보는 것이다.

18년간 사건 해결을 위한 노력들이 국가적으로, 행정적으로 정말 제대로 이루어졌는지 이 글을 읽다 보면 알게 될 것으로 믿는다.

경찰은 2만여 장에 가까운 수사기록을 가지고 있다고 한다.

나는 고작 2백여 장 수준이다. 정보의 차이가 100 대 1이지만, 그래도 내가 할 수 있는 모든 것을 다해서 그 1%를 최대치로 끌어올려보려 한다. 100을 가진 경찰이 물론 더 상세하고 자세한 내용을 알고 있긴 하겠지만, 경찰은 자신들의 수사기록을 공개하지 않을 것으로 보인다. 뒤에 다시 다루겠지만 말이다.

솔직히 말해서 꺼내놔 봐야 볼 게 얼마나 될까. 보면 볼수록 해야 했을 것들을 안 한 흔적이 더 많아서, 안 그래도 남은 짧은 인생, 더 짧아질 것 같기도 하다.

물론 그것은 내가 그저 조용히 늙어가길 기다리고 있을 때 이야기다.

내 신체 나이는 아직 60대 초반이고, 그리 따지면 아직 10년은 거뜬하다.

그 안에 내가 할 수 있는 모든 것을 할 것이다.

이렇게 내가 글을 써야겠다고 생각하게 된 계기는 '기록물'로서의 가치를 가지길 바라기 때문이다.

이 글을 읽는 독자들은, 경찰에 대한 나의 불신과 분노가 왜 이리도 큰지를 천천히 알게 될 것이다. 서두를 것 없다. 진실은 내 손에 있지, 그들의 손에 있는 게 아니니까.

여전히 거짓말과 위선으로 가득 찬 경찰을 믿고서야 어찌 이러한 일을 하겠는가. 키보드를 두드리는 그것조차 생소한 내가, 이렇게 다짐을 하고 누군가의 도움을 받아서 이렇게 글을 쓰는 오직 한 가지 이유는, 내 딸 이윤희가 어딘가에 살아 있건, 죽었건, 2006년 6월 6일 이후에 왜 사라지게 되었는가를 밝히는 것이다.

이윤희는 평소와 다름없었을 날들을 보내고 이제, 사건이 시작되는 공간인 자신의 원룸에 돌아왔다.

이날부터 어떤 일이 있었는지에 대해서는, 이제부터 제삼자의 시각을 가지고 하나하나 짚어보고자 한다.

나중에 이 책 안에서, 다시 내 막내딸의 아비로서 돌아올 것이다. 그때 나를 만난 독자가 어떤 말씀을 주실지, 난 무척이나 궁금하다.

3

이윤희,
사라지다

"저희 부모님이 가장 사랑하는
막내 딸이자, 제가 가장 사랑하는 동생입
니다. 제발 꼭 찾아주세요."
—2006년 6월 11일 이윤희 언니의 진술서 중에

이윤희가 자신의 원룸으로 돌아온 것은 오전 2시 30분경으로 추정된다.

이는 세 가지의 사유로 타당성을 가진다. 첫째는 이윤희를 종강 파티장에서 함께 한 친구들 대부분이 오전 2시경부터 보지 못했다고 증언하고 있고, 특히나 S군이 지구대에서 이윤희의 실종 시각을 2시라고 표기한 것은, 그때부터 누군가의 눈에는 이윤희가 종강 파티장에서는 보이지 않았다는 것을 말한다.

그리고 M양(앞선 글에서 '소희'(가명))이 S군의 휴대폰을 빌려 K군에게 전화를 건 시각이 오전 2시 40분인 점, 그 휴대폰을 받지 못했다는 K군의 증언들을 종합해 보자면, 이윤희를 덕진 소방서 건널목까지 바래다준 K군이 몰래 이윤희가 원룸까지 들어가는 것을 본 후 다시 본인의 원룸으로 가는 동안의 시각을 대략 10분 이내로 볼 때 M양이 K군에게 전화를 걸었을 때는 이미 K

군은 자신의 원룸에 들어가 옷을 벗고 잠자리에 들었거나 씻고 있었을 가능성이 커 보인다.●

따라서 이윤희는 2006년 6월 6일 오전 2시 30분경 자신의 원룸에 들어온 것으로 보인다.

이는 물론 K군의 진술에 의거하고 있으나, 그 신빙성에 대해서는 나름 여러 방법으로 조사를 해본 결과, 사실일 가능성이 없다고 할 순 없다.

이윤희는 오전 2시 30분부터 컴퓨터를 켜는 2시 58분까지 대략 30분 가까이 옷을 갈아입지 않고 있었던 것으로 보인다.

옷을 갈아입지 않았다는 이야기는 다음의 두 가지를 의미를 내포한다.

우선 이윤희는 늦은 시각 집에 들어오면 어떠한 경우에도 제일 먼저 한 것이 옷을 갈아입는 일이었다. 그 옷에서 당시만 해도 여기저기서 피워 대는 담배 냄새가 배여 있을 수 있고, 음식 냄새 등이 배여 있을 수도 있기 때문이다. 냄새에 워낙 민감했던 이윤희에게 이런 냄새가 본인의 몸에서 나는 것은 결코 참을 수 없는 일이었다.

그래서 늘 옷을 갈아입고, 그러고는 씻으러 가는 것이 이윤희

● 물론 아닐 수도 있다. K군의 진술에 의거한 것이기에, 이것이 아니라면 K가 용의자가 될 수 밖에 없는 구조가 된다.

의 루틴이었다. 그런데 이것이 무너졌다는 것이다. 또 한 가지는 옷을 갈아입지 않았다는 것은 씻지도 않았다는 것을 의미한다.

2006년 6월 6일 오전은 매우 더운 날씨였다. 전날인 5일의 날씨도 28도가 넘었고, 최저기온은 16도 정도였지만, 이미 수술 실습 등으로 인해 어느 정도 땀도 흘린 상황이었을 것이다.

그런데, 옷도 벗지 않고 씻지도 않고 있었다는 것은 무엇을 의미하는 것일까?

그건 그렇게 해야만 하는 일이 있어야 하는 것이다.

이윤희는 루틴을 중시하는, 객관적이기도 하지만 계획적인 여성이었다.

처음에는 사실 대수롭지 않게 생각했다. 이윤희가 종강 파티장을 떠난 시각과 원룸에 도착한 시각에 대해서 여러 이야기들이 있었기도 했지만, 돌아온 시간보다는 사라진 자체, 즉 누가 이윤희를 실종케 했는가에 초점을 맞췄기 때문이다.

이윤희가 입은 옷 그대로 사라졌기 때문에, 실종 초기만 해도 나는 이윤희가 절대로 원룸에 들어오지 못했다고 생각했다. 그렇지 않으면 옷을 갈아입지 않을 이윤희가 아니었기 때문이다.

따라서 원룸 내부의 정황들 대부분이 조작되었고, 이는 범인이 만들어 놓은 스테이징이라고 생각했다.

그 정도로 귀가 후 옷 갈아입기는 이윤희의 시그니처와 같은 행동이었기 때문이다.

그런 이윤희가 옷도 갈아입지 않고 30여 분을 계속 원룸에 있었다는 것은, 아비도, 가족들도 믿기 힘든 일이었음은 사실이다.

그런 이윤희가 분명히 원룸에 들어왔을 2시 30분경부터 2시 58분까지 무엇을 했다는 것일까?

우선 앞선 글에서 전날이었던 6월 5일에 있었던 일을 확인해 봐야 한다.

그날 낮에 이윤희는 J양(앞선 글에서 '전소영'(가명))과 함께 수술 후 마취를 빨리 깨도록 하는 약을 찾으러 원룸에 들렀던 적이 있었다.

그때 원룸에 펼쳐진 상황과 8일 친구들이 이윤희의 원룸에 들어섰을 때와 비교해서 달라진 것이 있다면, 이는 이윤희가 그렇게 했거나, 이윤희와 함께 있는 자가 그렇게 했을 가능성이 크다.

다시 6월 5일 낮으로 돌아가 본다.

J양은 2가지를 명확하게 기억하고 있다.

하나는 빨래 건조대가 펼쳐져 있고, 제법 많은 양의 빨래가 널려 있었다는 것이고, 또 하나는 침대 앞에 찻상이 펼쳐져 있었는데 그 찻상 위에는 커피잔이 하나 있었고, 커피가 흘렀는지 동그

랗게 커피 자국이 찻상에 있었다는 것이다.

J양의 기억력과 진술 내용을 굳이 우리가 의심할 필요는 없다고 본다.

사건 초기에 진술한 내용인 데다, 4년 내내 1등을 놓친 적 없는 수재다. 그래서인지 기억하는 것도 디테일하다고 할 수 있다.

이제 잠시 6월 8일로 가보자.

이 날은 6월 6일 사라진 이후 이틀 동안 학교에도 나오지 않는 이윤희가 걱정되어 친구 4명이 이윤희의 원룸을 찾아갔고, 혹시나 안에서 무슨 일이 있는지 싶어 가족들에게 허락을 구하고 경찰과 119에 신고하여 이윤희의 원룸을 개방한 날이다.

당시 원룸을 개방하고 들어간 친구들은 찻상이 보이지 않았고, 빨래 건조대는 접혀서 한 켠에 세워져 있었다고 진술했다.

이 두 가지의 차이는 매우 크다.

누군가는 6월 6일 오전 2시 30분부터 6월 8일 오후 1시경 사이에 빨래 건조대의 빨래를 걷었다.

게다가 건조대를 한 켠에 치웠으며, 찻상을 치우고 커피잔을 싱크대에 두었다는 것이다.

커피잔이 싱크대에 올려진 사실을 재차 확인하고 검증했던 가족은 이윤희가 원룸에 들어왔음을 확신할 수밖에 없었다.

왜냐하면 이윤희는 커피잔이나 그릇을 싱크대에 둘 땐 항상

뒤집어 두거나 커피잔의 경우에는 잔 받침대를 커피잔의 위에 덮어두었기 때문이다.

이는 이른바 '매트릭스' 강아지라고 불린 뭉이 때문이었다. 뭉이는 천방지축으로 어디 못 올라가는 곳이 없었다. 책상, 싱크대, 화장대, 티브이장, 피아노 등 뭉이가 못 올라가는 곳은 사람도 못 올라간다고 볼 정도였다.

그렇기에 윤희가 잠시라도 자리를 비우면, 원룸 안은 폭탄을 맞은 것처럼 되어 있기 일쑤였다.

그러니 천하의 이윤희도 뭉이를 베란다 안쪽에 가둬 둘 수밖엔 없었을 테다.

그런 뭉이가 싱크대 위로 점프해서 올라오면, 내려가지 못하고 낑낑거리는 경우가 허다했다. 이윤희는 이 장면을 동영상으로 남겨두기도 했는데, 싱크대엘 점프해서 올라가거나 그곳에서 왔다 갔다 하다가 그릇을 깨거나 밟아서 다칠 위험이 컸던 것이다.

그러니 윤희로서는 커피잔 같은 얇은 유리나 도자기 재질의 그릇은 반드시 엎어 두거나 뚜껑 같은 것을 덮어두었다.

이는 이윤희가 아니고서야 할 사람이 없다.

그렇게 싱크대에 커피잔이 놓여져 있었다.

그렇다. 이윤희가 원룸에 들어왔고, 커피잔을 치우고 빨래를 개고, 건조대를 다시 세워 둔 것이다.

이윤희가 한 것이 틀림이 없어 보인다.

이제 한 가지 남은 의문은 도대체 왜 그 늦은 시각에 피곤한 몸을 쉬지도 않고 그랬을까?

나는 추리를 하고 싶은 생각이 없다. 그저 있는 사실관계만을 가지고 가능성을 따져보자는 것이다.

네이버에 있는 이윤희 실종사건의 카페에 들어가 보면, 수많은 추리들이 난무한다.

그 추리를 하시는 분들도 얼마나 답답할까. 또한 이윤희 실종사건에 대하여 관심을 가져 주시기 위해서 얼마나 노력을 많이 할까.

그 감사함에도, 나는 어떠한 추리도 100% 동의할 수도, 100% 부정할 수도 없다.

사실인지 아닌지를 모르기 때문이다.

결과적으로 이윤희를 가장 잘 아는 가족이 이윤희의 생활패턴, 행동패턴, 사고패턴을 대입시켜 고민을 해봐야 할 것인데, 가족 중 어느 누구도 그럴 엄두를 내지 못했다.

막내였기 때문이다.

막내를 잘 알지만, 그 앎이라는 단어로 무엇인가를 추측하기가 너무나 힘들었다.

이윤희라는 이름이 우리에겐 금기어가 되어가고 있었기 때문이다.

아무튼 이윤희는 6월 6일 오전 2시 30분경 원룸에 들어와 강아지들을 풀어 두고, 빨래를 개었으며, 건조대를 접어서 늘 있던 자리에 두고, 찻상을 치웠고(이 부분은 뒤에 따로 다루겠다), 찻상 위에 있던 커피잔을 싱크대에 자신만의 방식으로 두었다.

강아지들과 얼마 동안의 조우 시간을 가졌는지는 모르겠지만, 30분 정도의 시간을 소모하기에는 충분했다.

그렇다면, 다시 말해서 소위 집안일을 다 했다면 이제 쉴 법도 하다. 행동패턴이야 한두 번 깨진다고 문제 될 것도 아니다. 매번 사람이 어찌 똑같이 생각하고 행동하겠는가.

그런데 …

이윤희는 여기서 멈추지 않았다.

드디어 컴퓨터를 켰다. 오전 2시 59분의 일이다.

이윤희의 컴퓨터는 제 오빠가 친구와 함께 설치해준 것이다. 이것저것 당시에 유행한 유틸리티 프로그램을 많이 깔아줬지만, 이윤희는 본인이 쓰는 것만 쓰는 스타일이었다.

주로 인터넷과 문서 작성 그리고 사진이나 동영상 보는 프로그램을 사용했다.

이윤희의 컴퓨터가 켜진 시각은 오전 2시 59분이다. 곧 3시가 될 시각이다.

그런데 여기서 한 가지 의문을 가지자면, 굳이 왜 컴퓨터를 켰을까 하는 것이다.

이 의문에 답을 해준 것은 이윤희가 컴퓨터를 켜고는 무엇을 했느냐인데, 그것은 충격적이게도 '성추행'과 '112'를 검색했다는 것이다.

이는 이윤희가 사라진 후 6월 8일 이윤희의 둘째 언니가 원룸에 들어선 후에 이윤희의 컴퓨터에서 인터넷 검색기록을 확인하는 과정에서 확인이 되었다.

그렇다면 결국 '성추행'과 '112'를 검색하기 위해서 컴퓨터를 켰다는 것이고, 이는 결과적으로 컴퓨터를 켜기 전에 이윤희 본인이 이와 관련된 일에 연루가 되었을 가능성이 크다는 점으로 볼 수 있다.

물론 이윤희가 컴퓨터를 켜자마자 검색을 한 것인지, 아니면 1분이든 2분이든 시간이 지난 다음에 한 것인지는 정확히 알 수가 없다. 왜냐하면 관련 기록들이 모두 삭제되었기 때문이다. 이윤희 컴퓨터의 삭제에 관한 이야기는 뒤에 따로 하겠다.

어떠한 이유에서건 이윤희가 '성추행'과 '112'를 검색한 것은 맞다.

이 역시 이윤희 실종에 직간접으로 영향을 미친 범인의 스테이징과 관련되었다고 보는 시각도 있다.

하지만 그렇게 볼 수 있으려면 통과해야 할 것들이 있다.

바로 이윤희의 검색 관련한 패턴이다.

2006년 당시에는 지금처럼 크롬과 같은 구글 기반의 검색창

보단 인터넷 익스플로러를 월등히 많은 사람이 사용했다. 이윤희도 마찬가지였다.

인터넷 익스플로러의 특성상 검색기록이 남기 위해서는, 사용자가 검색창에 검색 내용을 입력한 후에 엔터(Enter)를 눌러야만 한다.

또한 인터넷 익스플로러 사용자는 거의 대부분의 사람들이 포털사이트를 메인화면으로 지정했다. 다시 말해서, 당시는 다음(Daum), 네이버(Naver), 네이트(Nate), 엠파스(Empas) 등 포털 검색 엔진이 있는 사이트를 시작화면으로 사용했다는 것이다.

그렇다면 이윤희 컴퓨터의 시작화면은 무엇이었을까?

다음(Daum)이었다. 당시 이윤희는 다음을 시작화면으로 사용했고, 대부분의 메일 주소가 필요한 사이트나 쇼핑몰의 메일주소도 다음 메일을 기준으로 했다.

용도도 뚜렷이 구분해가며 썼었다.

다음으로는 메일과 카페, 그리고 미디어를 주로 봤고, 네이버로는 주로 검색을 하거나 뉴스를 봤다.

엠파스에서는 사전을 주로 이용했음을 이윤희의 포렌식 자료에 따르면 확인할 수 있다.●

● 이 포렌식 자료는 가족이 자체적으로 포렌식한 결과를 기준으로 하며, 경찰의 자료는 현재 공개 거부 상태이다.

다시 말해서 이윤희는 주로 쓰는 메일과 학과의 카페가 있는 다음을 자신의 시작화면으로 두고, 수시로 메일과 카페의 글을 확인했다.

그런데 검색만큼은 네이버로 이동해서 했다.

이는 매우 명확하게 보여주는 이윤희의 패턴이다. 아마 당시에 컴퓨터와 인터넷을 사용했던 젊은 사람들 가운데 이러한 패턴 유형을 가진 사람들이 꽤 있었을 것이다. 그것은 당시 네이버가 가졌던 (지금도 마찬가지인 것으로 보이지만) 지식 검색의 파워가 상당했기 때문일 것이다.

많은 사람들이 유사한 패턴을 사용했다고 하더라도, 누군가가 이를 스테이징하기 위해서, 즉 이윤희 컴퓨터에 '성추행', '112'를 남기기 위해서는 2가지의 확신이 있어야 했을 것이다.

첫 번째는 이윤희의 검색 패턴을 알아야 했고, 두 번째는 범죄가 일어나는 순간에 엄청난 집중력과 침착함을 가지고 있어야 했다는 점이다.

과연 그랬을 가능성이 얼마나 클까?

나는 확률로 이야기하고 싶다. 1~2%의 확률을 이야기하는 분들께는 미안하지만 말그대로 가능성이 희박한 이야기일 뿐이다.

내 나이가 여든 일곱인데, 언제까지 1~2%의 확률에 대해서 논의하고 있어야 할까. 게다가 확률이 훨씬 높은 이야기들 중에도 아직 풀지 못한 것이 많은데 말이다.

때로는 자신이 원하는 방식, 자신의 입맛에 맞는 추리를 위해서 여러 가지 정황을 끼워 맞추는 경향도 없지 않은 것 같다.

물론 개인의 자유이긴 하지만, 그것이 사건 해결에 도움이 될 것이라 생각하는지는 모르겠다.

본인의 딸이 사라졌는데도 1~2%의 확률에 기대를 걸고 그보다 훨씬 높은 확률은 제쳐둬야 할까? 그럴 용기가 있는 실종자 가족이 과연 몇이나 될까?

"불가능하다!"

이윤희 스스로가 '성추행', '112'를 검색한 것은 맞아 보인다. 어떤 이유로 그랬는지에 대해서는 경찰이 분석한 내용을 가지고 있지 않겠는가?

그러나 그렇지 않은 것 같다. 경찰은 이윤희 컴퓨터 기록의 많은 부분을, 모든 자료를 지웠다. 그러니 가지고 있는 자료가 별로 없을 게다. 아마도.

이윤희가 컴퓨터를 켠 직후부터 최대 3분여의 검색 시간이 있었다. 성추행과 관련해서 2건의 검색기록이 있는데, 이윤희의 검색 패턴상 30초를 넘기지 않았을 것이다. 결과적으로 보면, '성추행' 검색에 1분이 채 걸리지 않았을 것이고, '112'는 검색과 동시에 멈췄다.

그렇다. 컴퓨터가 켜진 다음, 총 1분 정도의 시간이 남아 있었을 것이다.

1분의 시간 동안 많은 일들이 일어날 수 있다. 다시 말해서 '성추행'을 검색하기 전에 1분이란 시간이 주어졌을 수도 있다는 가능성을 이야기하는 것이다.

앞서 말했지만, 이윤희는 포털사이트를 시작화면으로 두었다. 아래는 2006년 6월 당시 다음의 시작화면의 예이다.

2006년6월 당시의 다음 사이트의 메인 화면.

3. 이윤희, 사라지다

당시는 2006년 월드컵이 다가오는 시기라 월드컵 관련 뉴스가 많았고 그 가운데 하나가 바로 거리 응원 시의 성추행 및 노출과 관련된 내용이었다.

포털의 메인화면에 있는 기사를 보고, 궁금증이 생겨 성추행을 검색했고, 이윤희는 당시에 휴대폰이 없었기 때문에 컴퓨터를 통해서 신고하는 방법을 찾아보려고 단순히 시도한 것으로 볼 수도 있다.

물론 포털사이트가 아니라 TV를 통해서 봤을 수도 있다.

왜 내가 이윤희가 종강 파티장에서 또는 K군과 원룸을 향해서 걸어올 때 성추행을 당한 것으로 보지 않는지 궁금할 것이다.

내 막내딸 이윤희의 성격은 소위 말하는 걸크러쉬였기 때문이다. 그리고 확실하고 정확한 것을 좋아했고, 불편한 상황이 연출되는 것을 싫어했다.

상대가 교수건 대통령건, 할 말은 하는 스타일이었다는 것이다. 그렇다고 예의가 없는 것은 결코 아니었다.

종강 파티장에서 성추행이 일어났다면, 이를 결코 그냥 지나치지 않았을 것이다. 이 사건을 아는 많은 분들 가운데, K군이 이윤희로부터 들은 "화장실에 네가 날 따라왔냐?"라는 표현이나, 나중에 계산을 한 교수 옆자리에서 K군과 자리를 바꾸어 달라고 했던 정황들을 들어서, K군이나 교수에게 성추행당했을 가능성에 대해서 생각하고 있을 줄 안다. 하지만 나는 그렇게 생각하지 않는다.

만일 그런 일이 K군으로부터 있었다면, 이윤희는 그 자리에서 귀싸대기를 올렸을 것이고, 교수가 그랬다면 그 자리를 박차고 나와 이 사실을 언니나 K양(앞선 글에서 '희원'(가명))에게 어떤 방식으로든 알렸을 것이다. 그걸 가슴에 담아두는 스타일의 여성이 아니라는 이야기다.

그러나 이러한 일은 일어나지 않았다.

K군의 저런 발언은 그 친구 자체가 소심한 성격이라 둘러댄 이야기일 수 있고, 별 생각 없이 던진 이윤희의 말을 기억했다가 말했을 수도 있다. 알 수는 없다. K의 알 수 없는 행동이 비단 이것뿐이랴.

어쨌든, 누구에게도 관련 사실을 언급하지 않았다는 점은, 성추행을 직접 당한 입장으로 검색을 한 것이 아니라, 눈에 띄는 포털사이트의 뉴스나 인기 검색어에서 단순 호기심으로 검색을 해봤을 가능성이 더 커 보인다는 유추를 해볼 수 있게 한다.

특히나 네이버에서 검색한 성추행에 대한 사례들은 이윤희가 당했을 가능성이 별로 없는 경우라고 생각할 수 있지 않을까?

그렇다면 왜 컴퓨터를 켠 것일까?

나는 네이트온(Nate On)에 주목해야 한다고 본다.

이윤희는 네이트온을 매우 자주, 잘 사용했다. 늘 네이트온으

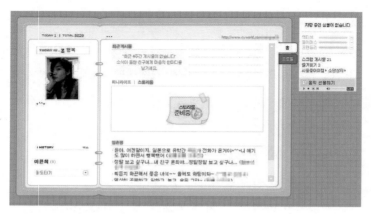

이윤희 싸이월드 홈피.

로 대화를 하고, 쪽지를 주고받았다.

특히 6월 3일 날치기를 당했을 당시에도 이윤희는 언니에게 네이트온으로 메시지를 남겨둘 정도였다.

그도 그럴 것이, 날치기를 당하고 6월 6일 오후에 L군(앞선 글에서 '승원'(가명))에게 중고폰을 받기 전까지는 휴대폰이 없었기 때문에, 이윤희가 오직 외부와의 소통 창구로 사용한 것은 바로 네이트온이었을 것이 자명하다.

이윤희는 6월 5일 오전에 학교에 간 이후로, 본인에게 온 메시지나 쪽지의 여부를 확인할 수 없었다. 특히나 밤 10시경에 K군의 전화를 빌려 언니에게 전화를 건 이후, 언니로부터 어떤 메시지나 연락이 왔을지도 모를 상황이다.

당시에 네이트온을 사용한 젊은이들은 지금의 카카오톡을 사용하는 것처럼 마치 중독인 양 네이트온과 싸이월드라는 미니홈피를 즐겨 사용했다.

이윤희 역시 네이트온으로 누군가가 메시지를 남겼을 수도 있다고 생각해서, 컴퓨터를 켰을 가능성이 크다는 점이다.

그리고 만약에 이윤희가 누군가와 만나기로 했었다면, 그 시각은 오전 3시일 확률이 높고, 6월 3일부터는 네이트온으로만 그 만나기로 한 사람과 연락했을 것이다. 그렇지 않은가? 왜냐하면 이윤희는 날치기를 당해 휴대폰이 없었기 때문이다.

그리고 오전 3시에 만나기로 한 사람이 찾아왔기 때문에 오전 3시 1분에 검색이 멈춘 것이라 볼 수 있지 않을까?

그게 누구일까는 나중에 논하더라도, 3시에 만나기로 한 사람이 어떠한 메시지를 남겼을 수도 있다는 생각에 이윤희가 컴퓨터를 켰을 수도 있다. 새벽 3시라는 시간이 그렇게 만나기에 좋은 시각은 아닌 데다가, 만일에 무슨 다른 일로 약속을 지키지 못하게 되었을 경우, 그자가 약속 시간 변경 등을 이윤희에게 알려줄 수 있는 길은 오직 네이트온으로 쪽지나 채팅 글을 남기는 것뿐이었을 것이고, 그걸 이윤희가 모를 리가 없었을 것이다.

3시가 다 되어 가는 시각. 그 시각보다 늦을 이유가 없었을 텐데, 이윤희의 방에 있던 탁상시계는 4분가량 **빠르게** 가고 있었

3. 이윤희, 사라지다

다.

2시 59분이었지만, 이윤희에게는 3시 3분이나 다름이 없었던 것이다. 오직 탁상시계의 시간만이 이윤희에게 지금 시각을 알려주고 있었다.

그러나 실제 시각은 2시 59분이었음을 컴퓨터에 켜진 시계를 보고 확인했을 것이고, 네이트온에서도 별 특별한 메시지가 없음을 확인했을 것으로 본다. 약속은 깨지지 않았다는 것이다.

이 모든 것은 1분이면 충분히 가능하다. 아니 넘치는 시간이다.

그리고 누군가가 오기로 했다면, 잠시의 여유로 검색을 했던 것으로 볼 수 있다.

그리고 컴퓨터 시각으로 3시 1분. 바로 그 누군가가 찾아왔다고 볼 수 있지 않은가?!!

그렇지 않고서야, 112라는 경찰 신고 번호를 검색한 후, 어떠한 후속 검색도 없이 컴퓨터 사용이 멈췄다는 것을 어찌 설명할까? 게다가 이 컴퓨터는 별다른 사용이 없이 1시간 20분 후인 오전 4시 21분에 꺼졌다.

이윤희는 컴퓨터를 끄는 습관이 없던 아이다. 그러나 누군가가 방문했던 흔적이 있던, 6월 4일부터 사용된 컴퓨터는 날을 넘겨 6월 5일 새벽 2시 30분에 꺼졌고, 이윤희가 사라진 6월 6일 새벽 4시 21분에도 컴퓨터는 누군가에 의해서 꺼진다. 과연 끈

자가 이윤희일까?

사라진 막내

오전 3시 1분. 검색의 갑작스런 멈춤. 그리고 오전 4시 21분에 컴퓨터가 꺼진 점과 입고 있던 옷 그대로 사라진 점 등으로 인해, 누군가가 찾아왔을 것이라는 점에는 대부분의 경찰, 프로파일러, 그리고 나름 탐정이라고 하는 사람들이 동의하는 부분이다. 그리고 그 사람이 면식이 있는 사람이라는 점에도 동의하는 것으로 안다. 원룸 문을 그 새벽 시간에 모르는 사람에게 열어주진 않았을 것이기 때문이다.

문제는 그게 누구냐는 점이다.

그 범주에 속한 사람은 다양하다.

K군, S군, 교수, 날치기범, 발바리 등이 거론되는 것으로 안다.

오직 한 가지의 옵션을 가지고 이야기해보고자 한다.

이렇게 거론된 자들 가운데, 이윤희가 새벽에 자기의 집인 원룸에서 옷도 갈아입지 않고 기다리고 있었을 법한 사람이 누굴까?

위에 거론된 사람들 가운데 가능성이 있는 것은 교수일 것이다. 자신이 편한 옷차림으로 맞이할 수 없는 사람일테니 말이다. 그렇다면 교수가 왜 그 늦은 새벽시간에 이윤희 원룸을 찾아왔을까? 이를 이윤희의 컴퓨터 사용과 연관시켜 대입해보자면
…….

이윤희가 컴퓨터로 성추행, 112를 검색했는데 평소의 성격과는 달리 그 자리에서 해결하지 않고, 원룸까지 말도 하지 못하고 마음에 품고 와서 이러한 검색을 남겼다는 것이고, 그 정도로 이윤희가 조심스러워 할 사람이라는 점이다. 그래서 교수일 것이라고 보는 것이고, 그 교수 입장에서도 이윤희의 평소 성격을 아니, 신고로 이어질 수 있다고 보고 사과하는 차원에서 방문하지 않았을까 하는 생각들을 많이 하게 된다.

타당성이 없는 것은 아니다.

게다가 미혼의 교수인 경우, 이윤희와 좋은 관계를 유지했을 수도 있지 않겠나. 꼭 종강 파티에 참석한 교수여야 할 이유는 없다고 본다. 어찌 보면 이윤희의 종강 파티 상황을 이해해주고, 기다려줬을 수도 있다.

하지만 과연 교수만이 대상일까?

여기에 대해서는 두 가지 관점으로 접근해보자.

우선, 2차 종강 파티에 참석한 교수는 두 사람이었는데, 이들 모두 거짓말 탐지기 조사를 실시했고 모두 진실 반응이 나왔다. 아무리 그 당시의 거짓말 탐지기를 믿을 수 없다고 해도, 당시 정확도가 90%를 넘었고, 법적 증거 능력으로는 인정되지 않는다고 하더라도 법원에서는 정황증거로서의 능력을 인정하는 판례가 많은 점을 고려하면, 이를 하는 사람이나 받는 사람이나 부정할 수 없는 무게감이 있다. 그런데 이를 통과했음을 뒤로 하고 "못 믿겠다"고 치부해 버린 다음, 믿고 싶고, 되어야만 하는 정황을 늘어놓는다면 그건 결국 확증편향에 속해져 올바른 판단을 저해하게 되는 것이다.

교수일 수도 있다. 하지만 교수라도 당시 종강 파티장에 참석한 교수라고 하기엔 어려운 점이 많다. 왜냐하면 그 새벽 시간에 이윤희와 함께 이동하기 위해서는 차량이 필요했을 것이다. 그렇지 않다면 걸어서 이동했다는 것인데, 아무리 새벽이라고 해도 학생들이 많이 사는 원룸 촌을 걸어서 어디론가 빠져나갔는데 목격자가 전혀 없다는 점은 사실 납득하기 어렵다. 게다가 사건 사고로 이어졌다면 당연히 차량은 필수이지 않을까? 음주를 상당히 한 것으로 알려진 종강 파티 참석 교수들 가운데 한 사람이 그랬을 가능성에 대해서는 나는 여전히 회의적인 것이 사실이다.

그렇다면 누구일까? K군, S군 등 친구일까? 아니면 이미 사망

하고 없는 발바리에게 물어야 할까? 경찰이 잡지도 못하고 존재 파악조차 못한 날치기범일까?

모든 가능성에 대해서 이야기할 순 없지만, 가능한 부분에 대해서는 차차 논하도록 하겠다.

분명한 것은 이윤희의 원룸에 6월 6일 오전 3시에 찾아온 그자, 그자가 범인이라는 것이다.

오전 3시 1분에 멈춘 컴퓨터의 사용기록. 그런데 이상한 정황이 나타났다.

6월 6일 오전 3시 1분에 검색이 마쳐진 이후, 오전 4시 21분에 컴퓨터가 꺼질 때까지, 이윤희의 컴퓨터는 별다른 사용이 없이 꺼졌다는 것이 경찰의 수사 발표이기도 하고, 가족에게도 이처럼 알렸다.

그런데 그게 아니었다.

이는 비단 경찰이 가족에게 이야기한 것뿐만 아니라, 사이버 수사대의 수사 기록에도 나와 있는 내용이다.

3시 1분부터 4시 21분 사이에 컴퓨터가 자동으로 복원지점을 접속하는 것이 오전 3시 19분에 있었고, 이윤희가 컴퓨터를 사용한 흔적은 없다고 했다(윈도우 xp와 비스타 운영체제에는 특정 과거 시점으로 시스템을 복구할 수 있는 기능이 있었다).

그러나 당시 수사했던 공ㅇㅇ 형사의 수첩은 그렇게 말하고 있지 않다. SBS 〈그것이 알고 싶다〉를 통해서 방송된 내용 가운

전북청 사이버수사대가 2006년에 발표한 수사자료의 내용 중 일부. 이윤희 컴퓨터 사용에 대해서 이야기하고 있다. 사이버수사대 역시 오전 3시 1분부터 오전 4시 21분까지는 별도의 사용이 없다고 했다.

데, 공○○ 형사의 수첩 내용이 나오는데, 그의 수첩에서 보여주는 사실은 큰 의문점이 든다.

복원지점이라고 이야기하는 3시 19분~20분의 경우를 제외하고도, 인위적으로 컴퓨터를 사용한 흔적이 3번이 있었다.

짧은 사용이긴 했지만, 이는 전북경찰청 사이버수사대가 이야기하는 것에는 이 내용이 포함되어 있지 않다.

한 가지 우리가 유추해볼 문제는 사이버수사대가 확인했을 땐 이미 이 3번의 인터넷 기록이 삭제되었던 점인데, 따라서 위의 저 짧은 사용은, 이미 삭제된 인터넷 사용기록일 수도 있다는 점이다. 그리고 해당 자료는 아마도 덕진경찰서 사이버팀의 수

당시 덕진서 공○○ 형사 노트 내용 중		
이윤희 인터넷 접속 기록 (02:59 - 04:21)		
일자	접속시간	접속사이트
06.6.6	02:59 ~ 03:01 (약2분)	성폭력 관련 사이트
	03:19 (약 1분)	
	03:22 (약 20초)	
	03:30 (약 30초)	
	04:00 (약 30초)	
	04:21 (약 30초)	컴퓨터 전원 OFF 방 스위치 OFF

공○○ 형사의 수첩에 기재되었던 내용. 사이버수사대가 이야기한 시스템 복원지점 외에도 3번의 사용 흔적 같은 내용이 있다.

사 기록을 근거로 만들었을 가능성이 있다는 점이다.

인터넷 사용기록은 단순히 어느 사이트에 접속한 것만을 의미하는 것이 아니다. 네이트온의 사용도 포함된다는 사실을 잊지 말자.

따라서 우리는 전북경찰청에 대해 이와 관련한 내용에 대한 수사기록, 특히 최초 이윤희의 컴퓨터에 접속했던 덕진경찰서 사이버팀 경장의 조사기록을 공개하라고 요구하는 것이다. 물론 그들은 공개를 거부하고 있다. 그 이유에 대해서도 나중에 이야기하겠다.

왜 그럼 이처럼 짧게만 이용했을까? 20초, 30초 정도인데.

3. 이윤희, 사라지다

전북지방경찰청 사이버수사대 발표 자료 중

- 관련 시간대 컴퓨터 분석 기록

컴퓨터상 인터넷 접속기록인 히스토리, 웹캐쉬에 대하여 분석한 바, 쿠키(Cookie)는 6. 4. 22:45분 경부터 6. 8. 19:51까지 기록이 없으며, Daily는 6. 13. 10:00 이후부터 기록이 보존되고, History는 6. 4. 22:48경부터 6. 8. 15:04경까지 기록이 없으며, Weekly는 6. 4. 22:48경부터 6. 8. 15:04경까지 기록이 없으며, Web-cache는 6. 13. 09:55경 이전은 기록이 보전되어 있지 않았으나(분석의뢰서 31-15부터 32-18까지)

분석의뢰 전 확보된 히스토리(6. 9. 16:15경 이후)에서는 6. 6. 02:59경에서 03:02경 Daily 히스토리 33개 확인하고, 이에 대한 내용은 ○○○에서 성추행(설추행), 112검색, ○○○○ 접속 흔적(분석의뢰서 312-18, 19)이 발견되었으나 별다른 특징점을 발견할 수 없었으나, 추후 ○○○○ 추적기록인 통신사실 협조의뢰하여 추적 수사 예정이고(분석의뢰서 32-21 하단 참조),

전북청 사이버수사대가 밝힌 이윤희 컴퓨터의 인터넷 사용기록의 삭제 내용. 이에 대한 구체적인 내용은 뒤에서 따로 다루겠다.

　　이윤희의 컴퓨터 사용기록을 확인해보면 충분하고도 남을 가능성이 보인다.

　　컴퓨터의 모든 사용기록 가운데, 그 사용시간이 20~30초인 경우만 확인해보면, 거의 모두라 할 수 있는 99.8%가 인터넷 사용기록이었다는 점이다.

　　게다가 30초 미만 사용기록은 모든 사용기록의 절반 수준이라고 할 수 있는 전체의 49.5%.

　　결과적으로 20초에서 30초의 짧은 사용기록이지만, 충분히 인터넷을 사용할 수 있는 시간이었고, 이 인터넷 사용기록은 경찰에 의해서 삭제된 것으로 추정되는데도 사용기록이 원래 없었다고 주장한다는 점이다.

당시 호프집에서 맥주를 마신 이윤희가 화장실을 자주 갔을 것이고(평소에도 자주 갔었다), 그동안 함께 있던 누군가가 그냥 있기 뭣하니 컴퓨터의 인터넷을 만졌을 수도 있다는 것이다.

세 번의 잠깐 잠깐의 사용은 이윤희 원룸에서, 이윤희 및 이윤희와 함께 있던 자에 의해서, 각자 화장실을 이용하는 시간동안 다른 무엇인가 하기도 뭣하니 잠시 인터넷을 사용한 것일 가능성도 있다는 점이다.

6월 6일 오전 4시 21분.

그 이후로, 내 막내딸 이윤희는 현재까지 소식이 없다.

19년째 말이다.

6월 8일, 원룸이 열리다

6월 6일 아침이 밝았다. 아니 해는 이미 중천에 뜬 지 오래다. 시간은 오후 12시를 넘어가고 있었다.

L군은 이윤희에게 연락이 오기만을 기다리고 있었을 것이다. 오늘 중고폰을 주기로 했으니 말이다.

하지만 연락은 없다. L군도 전날 늦은 시간까지 술을 마시고 했으니 그냥 자는가 보다 했다고 한다.

6일은 휴일이었기에, 그렇게 조용한 하루가 지나간다.

6월 7일.

오전 11시부터 약물치료학 수업이 있었다. 하지만 이윤희는 수업에 나타나지 않았다. 물론 학기 최종 실습이 끝났기에 큰 의미가 없는 수업이라고는 하지만, 그래도 교수의 눈 밖에 나서 좋을 게 없을 것이라 대부분의 학생이 참석했다.

이 수업에 K군도 참석하지 않았다. 오후에 학교에 나타난 K. 이윤희가 보이지 않았기 때문에 이리저리 수소문해 보기 시작한다.

휴대폰을 주기로 한 L군에게 만났는지를 물어보고, J양에게도 이런저런 딴소리를 하면서 이윤희가 어디 있는지를 확인해봤다고 한다. 물론 6일에도 K군은 K양에게 전화를 걸어 이윤희에게 전화가 왔는지 물어보았다.

오죽하면 K양이 "야, 안 본 지 하루 지났는데 너 오버하는 거 아냐?"라며 핀잔을 줬을까?

그것에 아랑곳할 K가 아니다.

그는 오후 늦게 이윤희의 원룸 앞까지 가봤다고 법정에서 진술했다. 이윤희의 원룸에는 들어가 보거나 이윤희를 불러보지는 않고, 원룸 앞을 지나가봤다는 것이었다.

물론 7일에 K군만 이윤희의 원룸을 찾은 것은 아니었다. S군과 K양도 각각 이윤희를 찾으러 왔다.

이윤희 원룸 안에서는 TV 소리와 강아지들이 짖는 소리 외에 이윤희의 인기척은 느끼지 못하고 돌아갔다고 한다.

특히 S군은 윤희 원룸 옆에 있는 원룸으로 올라가서 윤희 원룸을 봤는데, 이윤희는 보이지 않고 강아지들만 왔다 갔다 하는 것을 확인했다고 했다.

친구들은 이윤희가 강아지들을 풀어 둔 것으로 생각하고, 곧

3. 이윤희, 사라지다

이윤희 원룸에서 바깥을 보면 창이 하나 보이는데, 이것이 윤희가 있던 원룸 좌측에 있는 원룸 복도에 나 있는 창문이다. 이를 통해서 S군은 윤희 원룸의 상황을 확인했다고 한다.

돌아올 것으로 여겼다고 이야기했다.

　7일도 그렇게 지나갔다.

　그렇게 8일이 되었다.

　8일 오전 10시부터 오후 1시까지 내과 실습수업이 있었는데, 그날은 수업을 일찍 마쳤다.

　12시가 되었는데도 윤희는 학교에 나타나지 않았다. 윤희 친구 네 명(K군/K양/S군/S양. S양은 이 책에서 처음 등장한다)은 함께

현관이 뜯기기 전에 설치되어 있던 이윤희 원룸의 원래 도어락.

점심을 먹고 이윤희 원룸에 함께 가보기로 하고는 K양의 차를 타고 이윤희의 원룸으로 향한다.

원룸에 도착한 친구들은 원룸 현관문에 귀를 대본다.

어제와 다를 바가 없는 상황인 것을 직감한 K양은 불안감에 문을 두드리기 시작했고, S군은 도어락을 이리저리 눌러본다.

앞서 이윤희의 부탁으로 이윤희의 원룸 비밀번호를 알 법도 한 K군은 혼자 뒷짐지고 서 있다. 그 밖에도 이윤희의 원룸을 수차례 방문했던 다른 친구들도 이윤희의 비밀번호를 모르는 듯하다. K군의 방문 이후 알려진 비밀번호를 이윤희가 바꾼 것일

3. 이윤희, 사라지다

까?

어떻게 해봐도 열리지 않는 이윤희 원룸의 문.

K양은 결심한 듯 휴대폰을 꺼내었다. 윤지에게 전화를 걸기 위해서였다.

전화를 받은 둘째 언니는 어리둥절함으로 전화를 받았다.

'그때는 아무 생각이 없었어요. 그저 친구의 통화 목소리가 좀 떨리는 거 같기도 하고, 큰일이 났다는 생각보다는 얘가 도대체 어딜 간 거야 … 라고 생각했죠. 그래도 현관문을 열어보는 게 좋을 것 같아서, 경찰이랑 소방서에 연락해서 문을 열어보라고 했죠.'

—이윤지 인터뷰 중

그렇게 K양의 주도로 경찰과 소방서에 신고가 이루어졌고, 그때 시각이 6월 8일 오후 12시 50분경이었다.

경찰과 소방서에서는 금세 왔다. 근거리에 있는 경우였기 때문이다.

처음엔 앞서 S군이 올라가 봤던 옆 원룸 건물 쪽 창문을 통해서 진입해 보고자 했으나, 창살 때문에 어렵게 되자 현관문을 뜯기로 결정했다.

드디어 열린 이윤희 원룸의 현관문.

우선 악취가 코를 찌른다.

강아지들의 분변이 여기저기에 넘쳐나고, 6월 2일에 먹은 족발의 쓰레기도 그대로 남아 있는 상태.

침대와 바닥은 어지럽혀졌고, 벽에 붙여둔 조그만한 꽃다발은 바닥에서 뒹굴고 있었다.

먼저 들어간 경찰은 대충 훑어본 뒤, 특이 사항은 없는 것 같다고 하며, 친구 4명 가운데 신고자인 K양에게 지구대로 가서 신고서 작성을 하라고 한다.

S군은 자신도 따라가겠다고 해서 나섰다. 그렇게 이윤희 원룸에 남은 K군과 S양.

그들은 누구라고 할 것 없이 원룸 안의 청소를 시작한다.

K양이 가족에게 연락해서 언니와 이윤희의 부모가 내려온다고 하니, 가족들이 이윤희 원룸에 오더라도 청소할 것이라 생각하여 미리 청소한 것이다.

그것도 물걸레질까지 하면서 말이다.

솔직히 나는 친구들의 마음을 이해한다.

그들을 탓할 생각은 전혀 없다. 친구들이 치우지 않고 방치되어 있었다면, 윤지와 나 그리고 아내가 와서 청소했을 터이다.

그러나 경찰에겐 분통이 터진다.

초동수사에서 가장 중요한 현장 보존을 하지 못한 것이다. 물론 단순 가출이라 여긴 당시 지구대 사람이 초동수사가 뭔지나

2006년 7월 26일 방영된 S사의 방송에서 당시 이윤희의 원룸에 최초 진입한 경찰의 인터뷰 내용. 당시 출동 경찰의 어이없는 변명을 볼 수 있다.

알았을까 싶다.

　내가 더욱 분하게 생각하는 것은, 그렇게 초동수사로 어쩌면 확보할 수 있었던 증거가 사라지게 방치한 것인데, 그것을 친구들의 책임인 양 돌렸다는 것이다.

　'치우라는 소리 한 적 없다.' 당시 지구대의 경찰이 한 소리다.

　그럼 치우지 말란 소리는 한 적 있나? 말도 안 되는 논리로 늘 그랬듯이 책임 회피나 하고 있다.

　경찰의 이런 태도와 무능, 무책임은 앞으로 더욱 끔찍하게 나타나 이 책을 덮을 것이다.

Ep. 03 | 사라진 빨래

언니와 이윤희의 부모가 원룸에 도착한 것은 6월 8일 오후 6시 30분 이후이다.

원룸에 왔을 당시에 친구들도 속속 원룸으로 모여들었다. 나와 아내는 도착 즉시 K양과 함께 지구대에 가서 가출인 발생 신고서 내용을 확인하고 다시 원룸으로 돌아와 잠시 친구들과 대화를 나누었다. 이후 친구들은 각자 자기의 집으로 돌아갔다.

그 후 간단히 저녁을 먹고 나서는 잠을 청하기 위해 이불을 찾았으나 이불이 보이지 않았다.

혹시나 싶어 열어본 세탁기 안에 있는 이불.

아마도 강아지들의 분변으로 오염된 이불을 친구들이 세탁한 것으로 보인다.

그런데 세탁기에서 이불을 꺼내 보니, 팬티 1장과 수건 4장이 있는 게 아닌가?

나중에 친구들에게 관련 이야기를 들어보니, S양이 세탁기를 무심코 열어봤을 때는 팬티 1장, 수건 4장보다는 많은 양이었고 세탁기 안쪽 벽에 붙어 돌돌 말려 있었다고 했다.

그 말인즉슨, 팬티 1장과 수건 4장보다 더 많은 양이 S양이 청소할 당시에는 있었다는 의미가 될 수도 있다. 그건 또한, 청소하는 와중에 누군가가 빨래 일부를 버렸다는 것으로도 해석될 수 있었다. 이는 문제가 심각해 보였다. 왜냐하면 그것을 버릴 사람은 K군밖에 없었기 때문이고, 당시 S양의 증언으로는, K군이 20리터들이 쓰레기봉투에 무언가를 가득 담고서 발로 꾹꾹 눌러 담아 내보냈다고 했기 때문이다.

또한 원룸 바로 앞 가까운 곳에 쓰레기를 버리는 곳이 있었음에도, 굳이 100m 이상 떨어진 곳에 가서 쓰레기봉투를 버렸다는 점이 가족이 K군을 더 의심하게 만든 결과가 되어버렸다. 하지만 빨래 일부가 사라지고 말고가 중요한 것은 아니었다.

팬티 1장과 수건 4장만으로도 세탁기 내부에 말려 있었을 수도 있고, 또한 그 양이 팬티 1장과 수건 4장보다는 사뭇 많아 보일 수 있다는 것 때문이었다. 굳이 이러한 사소한 것이 사건 해결의 발목을 붙잡을 필요는 없다고 생각하게 되었다.

이보다 더 중요하고 더 시급히 해결해야 할 눈에 보이는 문제들이 훨씬 더 많았기 때문이다.

그렇다고 해도, 그냥 넘길 순 없는 사안이다. 어찌 되었든 목격자의 진술에서 그 상황, 즉 빨래의 양에 변화가 있었기 때문이다. 하지만 이것을 K군이 버렸는지, S양의 착각인지는 알 수가 없다. 증거가 이미 소실되었기 때문이다.

아무튼 세상 모든 실종사건 가운데 '굳이'라는 단어가 참 많이 등장하는 사건이기도 하다.

당시 이윤희 원룸10미터 앞에 있던 쓰레기 분리수거대. 이곳에서 폐가구도 버려졌고
그 속에서 찻상을 찾기도 했었다.

2006년 당시 이윤희가 사용하던 세탁기. 아직도 내가 가지고 있다.

4

수상한 흔적들,
그 이름 "의혹"

"처음엔 뭐가 뭔지도 몰랐지. 그저 경찰이 이야기해주면 그런 줄 알았지, 우리가 어떻게 의심이라도 해보겠어. 아 근데, 시간이 점점 흐를수록 이윤희가 사라진 거보다 더 이상한 게 경찰인거야."

누군가 원룸에 들어온 자가 있었다

6월 8일 친구들이 원룸에 방문한 시점은 신고 시점을 기준으로 오후 12시 50분경이고, 이후 K양이 지구대에서 신고서를 S군과 함께 작성한 후에 다시 원룸으로 돌아온 시간이 2시 10분이 채 되지 않았던 점. 그리고 K양이 곧장 세탁기에 이불을 넣고 돌린 후 원룸을 빠져나온 시간이 2시 10분을 조금 넘긴 시점임을 감안하면, 6월 8일 오후 2시 10분 이후부터 윤희 언니 이윤지가 원룸에 도착한 오후 6시 30분까지 원룸에는 아무도 없었어야만 한다. 그리고 얼마 지나지 않아 나와 아내가 도착했는데, 그게 7시가 채 되지 않았던 때다.

모래내 지구대에서 가출인 발생 신고서를 작성하고 2시 10분 전에 돌아온 K양의 마지막 행동은 세탁기에 더럽혀진 빨래를 넣고 돌리는 일이었다. 그리고 이 빨래는 저녁에 원룸에 도착한 가족에 의해서 꺼내어졌다. 다시 말해, 친구들은 빨래가 돌아갈 시

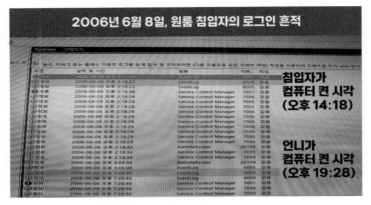

2006년 6월 8일 당시의 이윤희 컴퓨터 로그인 기록 화면.

간 동안엔 원룸에 없었단 이야기고, 결국 2시 10분 직후에 돌아
갔단 것이다.

그런데 이윤희의 컴퓨터 로그기록을 살피던 가족은 2006년
6월 8일 오후 2시 18분부터 오후 6시 5분까지 3시간 47분가량
누군가가 컴퓨터를 사용했음을 확인할 수 있었다. 이는 2019년
12월 14일, SBS 〈그것이 알고 싶다〉 1195회, 이윤희 편 방송에서
도 나온 내용이다.

과연 이자는 누구일까? 이자에 대한 경찰의 수사는 이루어졌
을까? 함구하는 것으로 보아, 그렇지 않은 것 같다.

분명한 것은 이 침입자는 자신의 침입 시간에 원룸에는 아무

이윤희를 아시나요?   140

도 없다는 것을 아는 자이다.

그리고 친구들이 소방서의 강제 개방으로 파손된 원룸의 도어락을 새롭게 설치하고도 혹시나 이윤희가 돌아올지 몰라 잠금 장치를 하지 않고 문을 닫아만 두고 나온 것•을 교묘하게 이용한 자이다. 물론 이 내용마저 알 수 있는 자일 수도 있다.

그는 과연 왜 이윤희 원룸에 들어가야만 했고, 3시간 47분 동안 이윤희의 컴퓨터에서 무엇을 하여야 했을까?

그 자가 이윤희 컴퓨터의 기록을 삭제한 자일까?

우선 후자에 대한 대답은 "아니요."이다.

이 자는 이윤희 컴퓨터의 기록을 삭제하지 못했다.

만일에 이 자가 이윤희의 컴퓨터 기록을 삭제했다면, 이윤희의 언니가 6월 8일에 이윤희가 검색한 '성추행'과 '112'를 찾지도 못했을 것이고, 6월 9일 이윤희 원룸에 방문하여 최초 간이 포렌식을 진행한 사이버팀과 형사들이 이윤희의 인터넷 사용기록을 확인하지 못했을 것이다.

이 침입자가 컴퓨터를 사용한 직후인 오후 6시 30분이 지나서 원룸에 도착한 이윤희의 언니는 원룸 앞에서 자신을 기다리고

● 그때까지만 해도 친구들은 이윤희가 단순히 어디 놀러갔다가 늦게 오는 것이라 생각했다고 한다. 다시 이윤희가 돌아왔는데, 도어락이 교체되어 있고, 비밀번호까지 바뀌어 있으면 오히려 이윤희가 어려워할 것을 염려하여 도어락의 홀드 기능을 이용하여 그냥 닫아만 놓고 나온 것으로 기억한다.

있던 K양과 함께 만나서 원룸으로 들어갔다.

다시 말해서 K양은 이윤희의 언니보다 좀 더 일찍 도착했고, 이 시기가 아마도 이 침입자가 컴퓨터 사용을 멈춘 시점이지 않을까 한다.

이윤희의 원룸에서는 원룸 앞 도로의 상황을 한눈에 알 수도, 들을 수도 있었다.

방음이 거의 되지 않는다고 보면 된다. 바깥에서 통화하는 소리까지 다 들리니, 누가 차를 주차하거나, 원룸 쪽으로 향하거나, 복도에 들어서서 계단을 오르면 그 소리가 매우 똑똑히 들린다.

창문을 좀 열어두거나 했다면, 볼 수도 있었을 것이다.

K양은 차량을 이용해서 다녔다. 그리고 주차를 원룸 앞에 굳이 하지 않더라도, K양은 아마도 원룸 앞에서 윤지에게 자신은 미리 도착했음을 알렸을 것이다.

그 소리를 못 들었을 가능성이 들었을 가능성보다 더 낮다.

태연하게 컴퓨터를 끄고 K양을 지나쳐 나왔다 해도, K양은 그게 누군지 몰랐을 수도 있다. 그것이 K군이나 S군이 아니라면 말이다.

그렇다면, 이 침입자는 무엇을 했을까?

명확해 보이는 것은 이자는 이윤희의 네이트온을 건드렸다. 아니, 이윤희의 네이트 온 기록을 삭제했을 것으로 강하게 추정된다.

이유는 다음과 같다.

이윤희는 컴퓨터를 켜면 자동으로 네이트온에 로그인이 되었다. 이는 컴퓨터 기록으로도 충분히 확인이 가능하다. 공용 컴퓨터가 아닌 개인 컴퓨터인데 자동 로그인을 하는 것은 어찌 보면 당연한 일이다.

그런데 이 자동 로그인이 6월 8일 오후 7시 28분 언니가 컴퓨터를 켰을 때는 해제되어 있었다. 즉, 누군가가 자동 로그인의 체크박스를 해제하고 로그아웃했다는 것이다.

그게 누굴까?

시간상 당연히 6월 8일 오후 2시 18분의 침입자일 수밖에는 없다.

게다가 전북청 사이버수사대가 발표한 자료에 보면, 이윤희의 네이트온 메시지함은 비어 있는 것으로 보인다. 문제는 6월 3일 날치기 직후에 윤희가 언니에게 보낸 메시지조차 사라졌다는 점이다.

이는 결국 누군가가 의도적으로 네이트온에 손을 댄 것으로밖에는 볼 수 없다.

그런데 더욱 희한한 일이 발생했다.

SBS 〈그것이 알고 싶다〉가 이윤희 편을 방송하기 위해서 전북청에 공개적으로 사건 관련 질의서를 보냈는데, 이에 대한 답변서에는 이윤희의 네이트온 메시지가 버젓이 남아 있다는 점이

2006년 6월 8일 당시의 이윤희 컴퓨터 로그인 기록 화면.

다. 이는 결국, 전북청에서 이윤희의 네이트온 기록을 포렌식하여 확보한 것이고 이후에 안티 포렌식(Anti Forensics) 프로그램을 통해서 경찰 내 누군가가 네이트온 기록을 삭제했다는 점이다. 이 부분은 뒤에서 분명히 다시 다루겠다.

아무튼 6월 8일 오후 2시 18분의 침입자는 분명히 이윤희의 네이트온을 노린 것으로 보인다.

다시 질문이 필요하다.

왜 이윤희의 네이트온을 지워야 했나?

답은 간단히 낼 수 있다.

자신과 이윤희와의 대화 내용이 담겨 있기 때문일 것이다. 그리고 그 대화에는 다른 사람이 봐서는 안 될 내용이 담겨 있을 확률이 높다는 점이다. 어쩌면 자신을 노출시켜선 안 되는 사람일 수도 있다.

그래서 위험을 무릅쓰고라도 지워야만 했다는 것이다. 그리고 그 내용은 이윤희가 사라진 것에 대한 결정적인 단서를 제공하는 내용이었을 것이다.

다시 본질적인 질문으로 돌아가 보자.

그래서, 도대체 그게 누구인가?

이제부터 그 가능성을 넘어 그 범인을 하나씩 추려가는 여정을 떠나고자 한다.

이윤희 원룸에 내려온 가족.

저녁을 대충 먹고 있을 무렵, 윤지는 이윤희의 컴퓨터를 켰다.

그 시각이 8일 오후 7시 28분임이 컴퓨터 로그 기록에 남아 있다.

윤희의 컴퓨터를 켠 언니는 도대체 이윤희가 어디에 있고, 언제부터 없어졌는지가 궁금했다. 그래서 컴퓨터를 언제까지 썼는지, 뭘 했는지가 궁금해서 로그 기록과 함께 인터넷 기록을 확인해보고자 했다.

누구보다 이윤희의 행동패턴과 컴퓨터 사용 습관을 잘 아는 둘째 딸은 얼마 지나지 않은 시간에 비명을 질렀다.

"아빠, 엄마, 이거 좀 봐!!"

둘째 딸이 보여준 것은 이윤희가 네이버에서 검색한 기록이었는데, 거기에 눈에 띄는 단어가 있었다.

2006년 6월 8일, 언니가 발견한 이윤희의 '성추행', '112'검색 내용

이윤희가 2006년 6월 6일 컴퓨터를 켠 후 성추행과 112 검색을 했음을 당시 덕진서 사이버팀에서 확인한 보고서 내용 가운데 일부.

바로 '성추행'과 '112'였다.

'성추행'을 검색하기 전에 '설추행'이라고 잘못 타이핑한 흔적이 있었다. 이는 이윤희가 자판을 화면을 보면서 치는 게 아니라, 자판과 화면을 번갈아 보면서 치는 습성에 기인한 것으로 보였다. 다시 말해서 '설추행'이라고 잘못 쳤지만, 잘못 친 것인지도 모르고 엔터부터 눌렀다는 것이다. 혹자는 이것이 성추행이 발생하여 다급한 상황에서 친 오타라고도 하지만, 앞서 말했듯이 난 그렇게 생각하지 않는다.

어찌 되었든 신경이 매우 쓰이는 검색기록임에는 틀림이 없었다.

시간이 늦어져 지금 신고를 하기도 뭣하니, 둘째 딸에게는 내일 아침 경찰서 근무 시작하자마자 신고를 하라고 했고, 처가 쪽에 경찰 지인이 있어 그쪽으로도 이야기해두기로 했다.

간담이 서늘해서일까? 둘째 딸은 그래서 잠을 이루지 못했고, 복도에서 발자국 소리만 나도 '윤희 오나 보다' 하며 현관문에 귀를 쫑긋이 대고 있기 바빴다.

하지만 그날, 윤희는 돌아오지 않았다.

6월 9일, 덕진경찰서 사이버팀 방문

다시 하루가 밝았다.

6월 9일 오전. 전날 밤잠을 제대로 이루지 못한 둘째 딸은 경찰에게 이야기하기 전에 좀 더 살펴보자 하여 윤희의 친구 가운데 S군을 먼저 불렀다. 오전 9시가 조금 넘은 시각에 S군이 방문했다.

그는 윤희 컴퓨터의 이것저것을 살펴보는 듯하더니 우리에게 말했다.

"아무래도 경찰을 부르는 게 좋을 것 같아요."

이내 둘째 딸은 차를 타고 덕진경찰서로 향했고, 이 내용을 신고했다.

그리고 오후 1시 30분이 넘어가는 시간, 덕진경찰서 사이버팀의 경장과 형사 2명이 원룸을 방문했다.

이내 그들은 우리가 보는 앞에서 이윤희의 컴퓨터에서 이것

이름	종류	최종실행시각 (UTC+09:00)
C:\Documents and Settings\Administrator\바탕 화면\LGUSBModemDriver_Kor_Ver_4.3.exe	실행파일	2006-06-09 09:32:17 Fri
LG Sync.lnk	실행파일	2006-06-09 09:35:17 Fri
C:\Program Files\CYON\LGSync\LGSync.exe	실행파일	2006-06-09 09:35:17 Fri
C:\Program Files\ACD Systems\ACDSee\6.0\ACDSee6.exe	실행파일	2006-06-09 09:37:14 Fri
Kcsidl2%\보크프로그램\Windows 탐색기.lnk	단축아이콘	2006-06-09 13:35:14 Fri
Kcsidl2%\보크프로그램	단축아이콘	2006-06-09 13:35:14 Fri
C:\WINDOWS\explorer.exe	실행파일	2006-06-09 13:35:15 Fri
G:\인터넷히스토리관련\iehv\iehv.exe	실행파일	2006-06-09 13:36:56 Fri
timedate.cpl	제어판	2006-06-09 13:37:18 Fri
{4A50D8FBA-AD25-11D0-98A8-0800361R1103}	실행파일	2006-06-09 16:58:04 Fri
C:\WINDOWS\system32\NOTEPAD.EXE	실행파일	2006-06-09 16:58:56 Fri

IE History View라는 프로그램이 사용되었음이 이윤희 컴퓨터를 포렌식한 결과 확인되었다.

저것을 살피기 시작했다.

그들은 오후 1시 36분경에 IE History View라는 프로그램을 이윤희 컴퓨터의 USB 포트에 외장하드를 꽂은 후 가동했고, 오후 2시가 좀 넘자 나중에 연락드리겠다는 말과 함께 사라졌다.

사실 당시만 해도 사이버팀이 어떤 프로그램을 사용했는지, 뭘 했는지에 대해서 전혀 알 수 없었다. "나중에 연락드리겠다"는 말은 13년이 지나 2019년 12월 14일 방송된 SBS 〈그것이 알고 싶다〉 방송을 통해서 확인할 수 있었던 것이다.

그렇게 유명한 컴퓨터 프로그램도 아닌 이런 프로그램을 사용한 것도 이상하지만, 이후에 경찰이 한 행동들은 결코 용납되지 않을 행동들이다.

사이버팀의 원룸 방문은, 경찰의 후안무치와 도를 넘는 무능, 무책임, 무지를 드러내는 시발점이 된다.

　　그들이 간 후에 전날부터 식사도 제대로 못한 둘째 딸을 데리고 원룸 인근의 밥집에 가서 밥을 먹었다. 그리고 다시 돌아와 윤희 컴퓨터를 둘째 딸이 쓰기 시작한 것은 오후 3시 17분경이었다. 이 시간, 꼭 기억해 주길 바란다.

6월 9일은 이렇게 숨 막히게 지나가는 듯했다.

6월 8일 가출인 신고를 했을 당시만 해도, 마치 놀러 나간 여대생이 곧 돌아올 것이라고 생각했던 경찰.

가족들도 곧 돌아올 거라 생각했다.

그러나 윤지의 '성추행', '112'의 검색기록 발견 이후에 겉모습과는 달리 경찰은 매우 빠르게 무엇인가 진행하기에 이른다.

공식적인 수사기록은 확보하지 못했지만, 우리는 여러 이윤희 실종사건을 다룬 방송 등을 통해서 노출된 수사기록 정보를 확인할 수 있었다.●

————

● 물론 전북경찰청은 본인들은 '공식적으로'는 SBS〈그것이 알고 싶다〉에 어떠한 수사기록도 준 적이 없다는 행정심판청구 답변서를 보내왔었다. SBS가 조작방송을 한거냐는 질문에 완산경찰서의 '증거인멸' 고소건 담당 수사관은 "그럴 수도 있다"고 했다. 이것이 현재의 대한민국 경찰의 수준이다.

이를 통해서 6월 8일 실종 직후, 경찰이 진행한 수사를 확인해 볼 수 있는데 다음과 같다.

6월 8일
— 가출인 발생 보고서
— 182 사람 찾기 전산 입력자료
— 탐문수색 결과 보고서

6월 9일
— 합심 판단서
— 수사보고 (가출인 관련)
— 수사보고 (통화내역 요청 관련)

여기서 주목할 점은 6월 9일만 해도 실종자가 아닌 가출인 취급을 했다는 점이다.

어찌 되었든 6월 9일에 들어서서 이윤희 사건에 대한 경찰의 수사는 갑자기 급물살을 타는 것 같아 보인다.

한 가지 눈에 띄는 것은 6월 9일 수사보고 가운데 통화내역이 있다는 점이다.

이는 실종자에 대한 기본 수사 가운데 하나임엔 틀림이 없다. 수사를 제대로 했다면 말이다.

4. 수상한 흔적들, 그 이름 "의혹"

이윤희 실종사건 수사 기록

서류 표 목차	작성 연/월/일	페이지
가출인 발생보고서	2006. 6. 8	1
182 사람찾기 전산입력자료	"	4
탐문수색 결과 보고서	"	9
합심판단서	2006. 6. 9	16
수사보고(가출인 관련)	"	17
… …	"	19
수사보고(통화내역 요청 관련)	"	22

경찰의 수사기록 목록 중 일부. T사의 방송에 나온 장면이기도 했다.

하지만 경찰은 수사를 제대로 하지 않았다. 고의적이라는 의
심이 들 만큼 커다란 문제가 있었음에도 그들은 간과해버렸다.
아니, 모른 척했다.

이 이야기를 시작하기에 앞서 언급해야 할 것이 있다. 이윤희의
휴대폰과 관련된 이야기에서 빠질 수 없는 이야기가 바로 날치기
에 관한 이야기이다. 앞서 언급은 했지만, 다시 한 번 정리해보자.

— 2006년 6월 3일 오전 00시 50분 날치기당함
— 2006년 6월 3일 오전 11시 27분 날치기 신고를 언니가 대
  신 해줌
— 2006년 6월 5일 오전 최종 신호 확인, 삼성회관 찾아봤지
  만 허탕

경찰의 수사기록 가운데 이윤희의 통화 내역서.

— 2006년 6월 5일, L군으로부터 중고 휴대폰 받기로 약속함
　　(6일 오후에)

　여기서 분명한 사실은 이윤희 휴대폰은 3일 새벽에 날치기당했고, 그날 최종 신호가 떴고 그곳이 전북대 삼성회관이었다는 점이다. 다시 말해서 3일에 이윤희 휴대폰은 꺼졌다는 것이다.
　그런데 이 휴대폰이 6월 9일 다시 켜졌다.
　게다가 누군가에 의해서 발신까지 이루어졌다!!
　사건 발생 초 첫 담당 형사였던 오○○ 형사는 2007년 2월 4일 방송된 tvN 〈리얼스토리 묘〉와의 인터뷰가 담긴 방송에서 아래와 같이 이야기한다.
　"(이윤희의) 발신번호 내역은 전체가 89건이에요. 5월 15일부

4. 수상한 흔적들, 그 이름 "의혹"

터 6월 9일까지."

귀를 의심해야 했다.

"6월 9일? 6월 9일이라고?"

어떻게 6월 9일에 발신이 이루어질 수 있나? 이윤희의 폰은 6월 3일에 날치기당했고, 이윤희는 6월 6일에 사라졌는데 말이다.

그렇다면 6월 9일에 새로 폰을 한 이윤희가 발신한 것인가?

이에 대한 경찰의 대답은 "누가 발신을 했는지 모른다."였다.

수사를 안 했다고 한다.

이게 무슨 소리인가?

발신내역 기록에 선명하게 찍혀 있는 내용.

6월 9일 16시 14분.

도대체 누가 누구에게 발신한 것인가? 이에 대한 조사를 하지도 않았다는 것이 어찌 납득할 소리인가?

최소한 당시의 최종 신호가 3일과 동일한 전북대 삼성회관인지 여부는 알 수 있는 것 아닌가?

이윤희가 사용하던 폰은 3G 전용 폰이었고, 번호도 010으로 시작하는 SK텔레콤 번호였다.

이 발신자에 대한 수사는 매우 중요했다.

우선 발신자가 이윤희 휴대폰을 어떻게 수취했는지, 아니면 이윤희인지, 아니면 이윤희의 실종과 연관되어 있는지를 확인했어야 했다.

이윤희가 날치기당한 휴대폰.

경찰에 묻고 싶다. 만일 이 발신자가 범인이라면 어떻게 할 것인가?

경찰이 수사를 하지 않은 것이라고 볼 수밖에 없다.

실종된 20대 여성이 그 전에 휴대폰을 날치기당했던 사실을 알았을 경찰이 6월 9일 입수한 통화내역을 확인하고도 이상한 점을 몰랐을 리가 없다.

행여 그냥 지나쳤다고 하더라도, 이어진 6월 11일, 관련자 수사 시에 중고폰을 주기로 한 L군을 조사하는 과정에서는 충분히 확인할 수 있었을 것이다.

그러나 아무것도 하지 않았다.

6월 9일의 발신내역 사건은 단순히 수사하지 않았을 거라는 의혹만으로 끝나지 않는다.

그들은 수사 시간과 기록마저 조작하기 시작한다.

4. 수상한 흔적들, 그 이름 "의혹"

6월 8일 실종 신고, 정확히는 가출인 신고가 접수된 이후 매일 같이 이슈가 발생하는 사건은 대한민국에서 이윤희 실종사건이 유일무이할 정도이다.

2006년 6월 10일 오전 10시경.

이날은 비가 엄청나게 온 날이었다. 모든 것이 씻겨 내려갈 정도로 40mm 정도가 몇 시간 동안 내렸던 날로 기억한다.

윤지는 컴퓨터를 하던 중 이윤희의 다음 메일로 메일이 온 것을 확인했다. 이윤희는 이처럼 인터넷 익스플로러를 사용하며, 다음을 시작화면으로 해 두고 다음 사이트의 로그인도 자동으로 되도록 해둔 상태였다. 당연히 네이트온도 마찬가지였다. 물론 앞서 말했듯이, 네이트온을 윤지는 열어볼 수 없었다.

그렇게 이윤희의 이메일을 들어가 본 언니.

악보공장으로부터 메일이 왔는데, 이윤희의 악보공장의 아이디와 비밀번호를 확인하는 메일이 온 것이다.

이는 누군가가 이윤희의 주민등록번호를 도용해서 접속한 것이었다.

처음에는 이윤희가 직접 어딘가에서 해당 접속을 했던 것으로 생각해서 안도하기도 했지만, 이런 식으로 소식을 전할 아이가 아니라고 생각했기에 의구심만 가지고 있던 차였다.

그러던 중 덕진경찰서로부터 연락이 왔다. 성추행, 112를 신고한 둘째 딸 보고 경찰서로 좀 나오라는 것이었다.

비가 억수같이 오는 날, 그것도 토요일에 실종자 가족을 오라가라 하는 것도 기괴한 일이지만, 경찰이란 사람이 가족에게 한 말은 더더욱 기괴했다.

"이제 이윤희 아이디와 비밀번호를 가지고 접속하면 안 됩니다."

그 당시만 해도 그러려니 했다. 수사를 위해서 그런 조치가 필요하다고 하니 말이다.

그러나 역시 경찰은 믿으면 안 되었다.

"아이고~ 이제 이윤희 씨 찾을 수 있을 거 같아요잉. 서울에서 이윤희 씨가 접속한 정황이 나와서 우리 형사들 2명이 급히 올라가요잉. 걱정 꽉 붙들어 매고 계셔요잉."

걸쭉한 전라도 사투리로 웃어가며 하는 말에 자신감이 묻어난다. 나도 전라도가 고향이지만, 이만큼 고향 사투리가 기분 좋

여의도 M호텔 불법 접속 사건에서 접속이 확인된 음악공장 사이트의 2006년 당시 메인화면.

게 들린 적도 없었던 것 같다.

곧 이윤희를 찾을 수 있다는 말 한마디에 모든 체증이 내려가는 듯했다.

그러고선 아무 말이 없다. 이후에 있은 정기 브리핑에서도 그날의 이야기는 쉬쉬하는 분위기다.

열심히 수사한다고 하는데, 괜히 물어보기도 뭣하다 싶어 꾹 눌러 참았다.

그러다 2006년 7월 26일, SBS 〈뉴스추적〉에서 이 이야기가 터져 나왔다.

일명 "여의도 M호텔 불법 접속 사건".

"CCTV를 봤는데, 없어."
"친구들 아는 사람이 아무도 안 나왔나요?"
"네."

S사 방송 당시 덕진서 담당 경찰의 인터뷰 내용 중 일부 내용. 접속 사건이 있은 지 한 달 하고 보름이 지났는데도, 누가 접속했는지 왜 그런 일이 있었는지 분명히 몰랐던 경찰이다.

내용인즉슨, 2006년 6월 10일, 서울 여의도의 M호텔에서 이윤희의 주민등록번호로 악보공장 사이트에 접속한 사건이 있었는데, 경찰이 출동해서 CCTV 등을 확인하고 용의자나 이윤희를 찾으려고 했으나 찾지 못했다는 것이다.

6월 10일에 있었던 사건인데, 7월 26일 방송될 때까지인 한 달 보름 동안 아무런 소득이 없었다는 이야기였다.

이 뉴스를 본 나는 경찰에 연락하지 않을 수 없었다. 분명히 우리에게 마치 해결할 것처럼 큰소리를 쳤던 경찰이 아니었던 가!

게다가 그 사이트는 6월 10일 오전에 윤희의 이메일로 아이디와 비밀번호 확인 메일이 온, 바로 그 사이트였다.

4. 수상한 흔적들, 그 이름 "의혹"

그러고 나서 덕진경찰서는 윤지에게 이윤희의 아이디와 비밀번호를 쓰지 말라고 했었다.

앞뒤 안 맞는 행동들. 확인이 필요했다.

"오 팀장님, 지난번에 이윤희 호텔 접속 건 말인데요 …….."

"아~ 하하하 그거 말이에요잉, 저희 신입 여직원이 실수하는 바람에 그렇게 됐어요. 별일 아니에요. 아이참. 하하하."

실수란다.

실수로 불법적 주민등록번호 도용을 했고,

실수로 악보공장 사이트에 접속했고,

실수로 서울까지 형사들을 보냈고,

실수로 CCTV 조사까지 했으며,

실수로 방송에 나와서 못 찾았다고 한다.

'저희 신입 여직원'이라면 경찰 신입 여직원이라는 의미일 텐데, 그녀가 어떤 실수를 했다는 것일까? 경찰의 말이 맞다고 치더라도, 무슨 실수란 말일까? 경찰 신입 여직원이 여의도 호텔에 가서, 이윤희 아이디로 로그인을 했다? 진실 여부를 떠나서, 설득의 여지조차 없는 변명 같아 보일 뿐이다. 그런데 18년이 지나서, 경찰은 다시 말을 바꾼다. 이에 대해서는 뒤에서 다시 살펴보자.

아무튼 이것이 실수인지 반드시 따져볼 필요가 있지 않을까 한다.

여의도 M호텔 관련해서는 이 한 사건으로만 10개의 의혹이 있다고 할 수 있다.

전주의 경찰이 서울엔 왜 갔느냐,

왜 공무원 휴일인 토요일에 접속했느냐,

CCTV 기록에도 없다는 게 사실이냐,

왜 경찰은 7월 26일 SBS 〈뉴스추적〉 방송 때까지만 해도 몰랐다가 뒤늦게 같은 경찰 식구가 실수한 것이라고 하느냐,

신참 여직원이 상부 지시도 없이 불법을 저질렀냐,

그 여경은 누구냐,

내부 감찰이나 감사는 했느냐,

CCTV 조사기록은 왜 공개하지 않느냐,

6월 10일 언니는 왜 불렀으며 이후 이윤희 아이디와 비번으로 접속하지 말라고 한 것은 왜냐,

IP 추적 조사 결과는 왜 공개하지 않느냐 등등이다.

바보가 아닌 다음에야 인터넷 접속 주소가 호텔이면 해당 룸을 특정하기 쉬웠을 텐데, 그걸 기준으로 그 룸에 들락거린 사람에 대한 조사를 했어야 한다.

10일 토요일 오전에 접속한 것이면, 9일 체크인을 했을 가능성이 컸을 것이다.

아침부터 이윤희 인터넷 들어가겠다고 호텔로 가진 않았을 테니까 말이다. 당시에 널린 게 PC방인데 말이다.

그렇다면 9일 금요일에 휴가를 내고, 아니면 업무를 마치고 서울에 갈 이유가 있었거나, 서울에 갔을 만한 사람이 과연 신참 여경일까? 하는 의구심이 드는 것이다.

철저한 수사가 필요해 보이는 이유이기도 하다. 하지만 이제 와서 경찰은 설명할 만큼 다 했는데, 우리가 이해를 못하고 있다고 한다.

게다가 이제는 실수가 아니라, 수사기법을 통해서 충분히 수사한 것이고, 실수도 아니라는 입장이다.

18년 만에 갑자기 입장을 바꾼 것이다.

정작 본인들도 설명을 제대로 못하는데, 무슨 소리를 하는 것인가?

그리고 단 한 번도 우리는 들어본 바가 없다.

경찰의 해명을 누가 과연 곧이곧대로 들을 테며, 그걸 해석할 수 있는 사람이 어디에 존재할까?

더더욱 충격적인 것은, 6월 10일 오전 7시 38분부터 밤 23시 20분까지의 모든 인터넷 사용기록과 검색기록이 삭제되었다는 점이다.

윤지는 덕진경찰서에 다녀온 직후에도 계속 컴퓨터를 사용했다.

하지만 이날의 기록은 오전 이른 시간의 사용기록과 오후 늦

6월 10일 인터넷 사용기록 중

시간	사용시간 (초)	사용 기록	위치	기타
2006-06-10 07:37:11 토	33	인터넷 사용기록	http://ucc.media.daum.net/uccbbs/news/entertain/broadcast/200606/09/joynews24...	Daum 미디어다음
2006-06-10 07:37:44 토	59	인터넷 사용기록	http://news.media.daum.net/entertain/broadcast/200606/09/mydaily/v12985233.html	Daum 미디어다음
기간 중 자료 없음 / 삭제 추정				
2006-06-10 07:38:43 토	-	인터넷 사용기록	http://news.media.daum.net/entertain/broadcast	Daum 미디어다음
2006-06-10 23:20:18 토	4	인터넷 사용기록	https://logins.daum.net/Mail-bin/login.cgi?dummy=1149949218468	
2006-06-10 23:20:22 토	7	인터넷 사용기록	http://wwl225.daum.net/Mail-bin/login_f.cgi?error=login&dummy=1789051833...	

이윤희 컴퓨터 포렌식 기록 가운데 6월 10일 사용기록. 당시 이윤희의 언니가 사용했었다.

은 시간의 사용기록을 제외하곤 모두 삭제된 것이다.

도대체 무엇을 지우고 싶었던 것일까?

과연 이것뿐일까? 기대하라, 이 삭제는 단지 시작일 뿐이다.

4. 수상한 흔적들, 그 이름 "의혹"

6월 13일, 컴퓨터에 손을 댄 자가 있다

6월 8일 이윤희 컴퓨터에서의 '성추행', '112' 검색기록 발견과 6월 9일 사이버팀의 방문, 6월 10일 여의도 M호텔 접속까지 지속되는 사건의 난해한 흐름은 계속 이어졌다.

이윤희의 언니는 아무래도 성추행과 112가 예사롭지 않다고 생각했다. 나 역시 괜히 스스로 불안감을 부추길 필요가 있을까 싶으면서도, 둘째 딸의 의견에 동의할 수밖엔 없었다.

우리는 이윤희의 컴퓨터를 경찰에 맡겨 좀 더 세밀한 조사를 의뢰하기로 했다.

이제 와서 생각해보면, 이날 윤희의 컴퓨터를 임의제출한 것이 고양이에게 생선을 맡긴 것인지, 쥐약을 넣은 밥을 놓은 것인지 … 그 결과에 따라 달라지게 될 줄은 그땐 꿈에도 생각하지 못했다.

2006년 6월 13일 오후 1시경, 우리는 덕진경찰서에 이윤희 컴퓨터를 임의제출하게 된다.

그리고 덕진경찰서는 이를 6월 14일, 전북청 사이버수사대에 의뢰했고, 사이버수사대는 6월 14일 오후 2시에 이를 인계받아 2시 20분에 이윤희 컴퓨터를 개봉한다.

당시 포렌식을 제대로 할 수 있는 시설 등이 있던 곳은 전북청 이었고, 덕진경찰서에서는 그것이 불가능했다.

사이버수사대에 포렌식 조사를 의뢰했다면, 실질적으로 모든 컴퓨터에 대한 개봉, 원본 복사, 포렌식 등 일련의 행위들은 모두 사이버수사대에서 맡아서 진행해야 하는 것이다.

그런데 덕진경찰서가 이윤희 컴퓨터를 가지고 있던 시기에 매우 수상한 접속이 이루어졌다.

덕진경찰서가 이윤희의 컴퓨터를 가지고 있었을 시간에, 그것도 6월 13일 퇴근 시간 후인 저녁 7시 9분에 누군가가 이윤희 컴퓨터에 접속했던 것이다.

다음 날이면 사이버수사대에 인계하여 포렌식을 할 컴퓨터를 굳이 왜 덕진경찰서에서 켜야 했을까?

게다가 당시 윤지는 컴퓨터의 본체만 보냈다. 최소한 모니터를 연결하려면 특정 장소에 모니터가 있는 곳에서 접속했다는 것인데, 왜 굳이 저녁 7시가 넘은 시간에 해야 했을까?

그리고 왜 전문 기술이나 설비도 없는 덕진경찰서에서 접속했어야 했나?

4. 수상한 흔적들, 그 이름 "의혹"

이윤희 컴퓨터의 경찰 인계 과정

6월 9일경	형사들과 같이 덕진서 사이버팀 경장 ○○○가 동행하여 현장에서 이윤희의 컴퓨터를 확인
6월 13일경	이윤희 언니 ○○○ 컴퓨터 임의제출
6월 14일경	지방청 사이버수사대에 디지털 증거분석 의뢰
14:00경	사이버수사대 접수
14:20경	컴퓨터 개봉
6월 26일 20:00경	증거분석 완료 및 결과보고서 작성

이윤희 컴퓨터의 경찰로의 인계 과정 및 최초 포렌식 진행 과정.

그리고 다음에서 이야기하는 내용을 다시 살펴보면 아래와
같이 해석될 수 있다.

Last Accessed : 파일을 마지막으로 액세스한 시간

- 06년 6월 10일 04시 14분 54초

File Created : 특정 위치에 파일이 만들어진 시간

- 06년 6월 6일 02시 59분 57초

Last Written : 데이터를 마지막으로 수정한 시간

- 06년 6월 10일 04시 17분 58초

Entry Modified : MFT(마스터 파일 테이블) 엔트리 수정시간

- 06년 6월 10일 04시 18분 04초

6월 13일 오후 7시 9분. 의문의 접속!		
Last Accessed	06/06/10	04:14:54
File Created	06/06/06	02:59:57
Last Written	06/06/10	04:17:59
Xxtry Modified	06/06/10	04:18:04
File Acquired	06/06/13	19:09:01

이윤희 컴퓨터 접속 관련 내용 가운데 2006년 6월 13일 오후 7시 9분에 접속한 흔적에 대한 기록.

File Acquired : 증거 파일 획득 시간(포렌식 툴 사용 시작)

– 06년 6월 13일 19시 09분 01초

File Acquired는 일반적으로 무엇인가를 확보하기 위해서 통상적으로 기록되어짐을 보면, 누군가가 포렌식 툴을 사용했음을 짐작하게 하는 것이다.

이는 SBS 〈그것이 알고 싶다〉를 통해서 밝혀진 내용인데, 보란 듯이 그곳을 지목하고 있다.

누가 봐도 이상하다는 의미라고 해석된다. 즉, 누군가가 일반적인 방법이 아닌 포렌식을 위한 프로그램을 사용한 것으로 보이는 대목이다.

4. 수상한 흔적들, 그 이름 "의혹"

이 접속에 주목하는 이유는 바로 그다음에 이어지는 사이버 수사대의 발표 내용 때문이었다.

이제부터 충격의 연속이다.

2006년 6월 14일.

드디어 이윤희의 컴퓨터가 '공식적'으로 개봉된다. 사이버수사대에 의해서 포렌식이 이루어지는 것이다.

앞서 설명한 6월 13일의 수상한 접속이 가져올 파장은 잠시 접어두자.

중요한 것은 공식적으로 이윤희의 컴퓨터가 개봉되고 조사가 이루어지는 것이니까.

내가 아는 전북청 사이버수사대의 발표 내용은 5~6쪽 분량이다. 그런데 그것이 나에게 이야기하는 것은 희망보다는 절망 쪽에 가까웠다.

앞서 내가 이윤희 컴퓨터를 임의제출했을 때의 심정이 고양이에게 생선을 맡긴 것 같았기 때문이다.

사이버수사대가 발표한 자료를 입수한 것은 SBS 〈그것이 알

> ▸ 위와 같은 근거로 비공개처리하고, 'SBS 그것이 알고 싶다'에는 정보공개를 한
> 사실이 없음을 구두 설명하였습니다.
>
> ③ 「수사기록 중 이윤희 친구 4명(6월 8일 최초 원룸 방문자들)에 대한 조사기록,
> 수사기록 중 전북대 수의과 교수 관련 조사기록」의 건
> 위 ②항과 동일한 사유로 비공개처리 하였습니다.
>
> **다. 주장**
> - 정보공개법은 국민의 알 권리를 보장하고 국정에 대한 국민의 참여와 투명성을
> 확보를 목적으로 하기에 공공기관에서는 정보공개 청구 시 적극적으로 정보를 공개
> 하고 있습니다.
> - 그러나, 본 정보공개 청구는 위 처분경위에서 설명한 내용과 같이 비공개 사유에
> 해당된다고 판단됩니다. (정보공개법 제9조 제4호)
>
> **3. 결 론**
> - 따라서, 위와 같은 처분 사유가 합당하다고 판단되므로 청구인의 행정심판 청구를
> 각하(기각)하여 주시기 바랍니다.

정보공개 청구 거부에 대한 나의 행정심판 청구에 대하여 중앙행정심판위원회에 보내
온 전북지방검찰청장 명의의 답변서의 일부.SBS 〈그것이 알고 싶다〉에 정보공개를
한 사실이 없음을 나에게 설명했다는 표현이 있다. 나는 이런 이야기를 들어본 적이
없다.

고 싶다〉의 2019년 12월 14일 방송분이었다.

재미있는 이야기 하나 하자면, 경찰이 공식문서에서 말하길,

"우리는 SBS에 정보를 공개한 사실이 없다."였다.

결과적으로는 SBS가 정보를 불법으로 취득한 범죄자가 된 것

이다. 아니 그렇게 취급받고 있는 것이다.

그게 과연 사실일까?

2006년 6월 14일 이후, 나를 포함한 가족들은 기다림의 연속이었다.

신혼에다 힘들게 시작한 피아노 학원을 거의 접다시피하고 전주로 내려온 둘째 딸에 대한 미안함이 컸고, 그런 나를 돕지 못하고 미국에 머물러야 하는 큰 딸의 미안함이 컸고, 스스로 나서지 못하는 아들의 미안함이 컸으며, 찾을 듯 못 찾고 있는 내 막내딸에 대한 미안함이 가장 컸다.

그걸 아는 내 둘째 딸은 아빠와 엄마 앞에서 보이지 못하는 눈물을 흘려야 할 때면, 슬그머니 사라져서는 눈이 퉁퉁 부어서 돌아오곤 했다.

한 달이 멀다 하고 덕진경찰서는 이윤희 실종사건에 대한 브리핑을 해줬다.

귀를 쫑긋하고 듣던 이야기들. 그러나 시간이 지나면서 브리

펑들의 시간 간격은 조금씩 벌어지기 시작했고, 그 브리핑 시간
도 짧아지기 시작했으며, 브리핑 전 가족에 대한 사전 알림은 거
의 없어지다시피 했다.

그래 놓고 이제와서는 "충분히 설명했는데" 내가 못 알아듣고
있다고 한다. 늙은 노인이라고 이제 대충 얼버무리면 되는 줄 아
나 보다.

그래도 서울의 명문 사립대를 나왔던 머리다. 누구 못지않게
머리를 쓰며 살아온 내가, 경찰이 이윤희 사건에 대해서 내가 가
진 의혹에 대한 설명을 해줬는지 안 해줬는지조차 기억을 못 할
까.

그동안 경찰은 셀 수 없이 많이 재수사를 천명했지만, 실제 재
수사의 방법과 범위, 목적한 바에 대한 언급은 없었다. 다만 재
수사의 규모에 대한 언급만 난무했다. 무슨 팀을 배치했다, 수
사팀을 얼마를 증원했다. 어디에 얼마를 투입해서 수사를 했다
…….

우리는 이윤희의 옷자락이라도 잡고 싶은 것이다. 형사가 몇
명이나 배치되어서 수사하고 있다는 소리가 듣고 싶은 게 아니
라는 것이다.

2010년이 되어서야, 윤희의 방을 뺐다.

4년 동안 원룸에 있으면서 남다르게 해왔던 행동들이 아마도

원룸의 주인에게는 큰 부담이 되었으리라.

이해하고 이해하지만, 내 피붙이 딸을 찾는 데 필요한 일이라면 무엇을 못하겠나.

그렇게 경찰의 말들은 허구였음이, 2019년, 80분짜리 방송 하나로 처참히 무너지게 된다.

5

전환(轉換)

"난 컴퓨터 잘 몰랐어. 지금도 그렇지만,
처음에 〈그것이 알고 싶다〉 방송 보고도
뭐가 뭔지 몰랐지. 몇 개월 걸렸어, 파악
하는 데. 근데 알고 보니, 이건 뭐 ……."

〈그것이 알고 싶다〉 방송

2019년 겨울이 되어가는 때였다.

강원도 철원은 어디보다 빨리 겨울이 오고, 어디보다 늦게 봄이 온다.

그곳에, 공영방송인 SBS, 그것도 압도적 시사 프로그램인 〈그것이 알고 싶다〉측이 촬영 요청을 보내왔다.

어떤 방식으로든 이윤희의 사건을 알리는 것은 중요한 일이다. 그것이 신문이 되었든, 방송이 되었든, 유튜브가 되었든 말이다.

하지만 고민도 컸다.

사실 〈그것이 알고 싶다〉 방송 전까지 대략 10군데의 방송에 노출이 되었지만, 그저 같은 말만 되풀이하는 것 같은 방송이 이어졌다.

SBS 〈그것이 알고 싶다〉의 방송은 나의 뒤통수를 때리는 방송이라고 해도 과언이 아니다.

물론 충격이란 말이고, 지금껏 보지 못했던 방송이라는 좋은 의미의 뒤통수다.

지금까지 무수한 추리와 고민과 노력이 있었지만, 실제 사실관계를 기반으로 한다기보다, 그저 자신들의 의견과 추리를 위한 썰들을 푸는 정도였다.

이 사건을 알 만한 사람들은 다 아는 사실이나 정황을 늘어놓는 수준이었다고 해야 할까.

그렇다고 그게 나쁘다는 것은 아니다. 실종자 가족들이 가장 두려워하는 것은 내 아이의 이름과 이 사건이 잊혀지는 것이기 때문이다.

누구라도 이윤희라는 이름을 기억하고 이를 어떠한 다른 사건이건 이슈에 연결 지어 생각해주는 사람이 있다면, 그 자체만으로 감사함이었다.

오직 사건의 해결만을 위한 것이라면, 방송에서 할 수 있는 것은 그다지 크지 않다고 할 수 있다. 여론을 형성하고 그것을 바탕으로 실종자 가족이 실로 원하는 사건의 접근 방법을 토로할 수 있다는 점에서 중요하다.

목사인 아내를 두고서, 무당이 나오는 〈엑소시스트〉라는 방송까지 했던 이유이기도 하다.

이는 나에겐 종교를 뛰어넘는 일이기도 했다.

그렇게라도 알리고, 수사기관에게 다시 집중을 요구하는 귀중한 계기이기 때문이다.

물론 수사기관이 방송에 나와서 "신중히 검토하겠습니다."내지는 "최선을 다하겠습니다."라는 답변을 하는 경우가 대부분이다.

소나기만 피하자, 어차피 제대로 안 할거다는 의미인 줄 우리도 다 안다.

그런 의미에서 사건에 대한 새로운 시각을 넓혀주고, 지금 이 순간까지 이윤희 실종사건에 대해 가졌던 시각을 넓혀주면서, 수사기관을 긴장하게 한 방송은 흔치 않았다.

〈그것이 알고 싶다〉 방송은, 2019년 당시에 우리에겐 하늘에서 내려온 금동아줄 같은 것이었다.

그들이 이야기해준 것은 실체였고, 역설이었으며, 이윤희 사건을 바라보는 패러다임을 바꾸길 강조하는 것이었다.

충격의 인터넷 기록 삭제

2019년 12월 19일 SBS 〈그것이 알고 싶다〉 방송의 초반부에는 그다지 새로울 것이 없었다. 이미 이전에 윤희 사건을 다뤘던 방송의 내용을 자신들만의 방식으로 각색하고 편집했다는 생각이었다.

그렇게 흘러가던 방송이 반전을 일으키기 시작한 것은 방송 종료를 10분 남겨 놓은 시점부터이다.

첫 시작은 앞서 언급한 6월 8일 오후 2시 18분 침입자에 관한 이야기였다.

그리고 이어진 충격적인 이야기.

"이윤희의 인터넷 사용기록이 삭제되었다!"

방송에 따르면, 사이버수사대가 6월 26일 오후 8시에 자체 보고한 내용에 따르면, 이윤희의 컴퓨터 사용기록 가운데 아래와 같이 3가지의 인터넷 기록이 삭제되었음을 발표했다.

전북청 사이버수사대가 발표한 이윤희 컴퓨터의 자료 삭제관련 내용.

   — 인터넷 쿠키 : 6월 4일 22시 45분 ~ 6월 8일 19시 51분

   — 인터넷 History : 6월 4일 22시 48분~ 6월 8일 15시 04분

   — 인터넷 Weekly : 6월 4일 22시 48분~ 6월 8일 15시 04분

  이윤희가 6월 6일 실종되었는데, 실종 전후로 2일씩, 총 4일에 대한 인터넷 사용기록이 삭제된 것이다.

  이미 수 차례 언급한 바, 이윤희는 6월 3일 휴대폰을 잃어버린 이후 외부와의 소통은 오직 컴퓨터의 네이트온과 카페에 남기는 글을 통해서만 했다.

  실종 전, 누구와 어떤 대화를 어떻게 나눴는지에 대한 정보와 기록이 무엇보다 중요한 시점이었을 터. 이 기간이 포함된 인터

SBS <그것이 알고 싶다>에서 방송된 사이버팀의 수사 내용. 명확하게 전북지방경찰청 사이버수사대 디지털 증거분석실에서 작성한 자료로 되어 있다. 여기서 이윤희의 언니가 발견한 '성추행', '112'의 기록이 존재했고, 네이트온의 접속도 있었다고 경찰 스스로 증명하게 된다.

덕진서 사이버팀의 2006년 6월 9일 수사내용에 대한 전북청 사이버수사대의 발표자료. 여기서 이윤희의 언니가 발견한 성추행, 112의 기록이 존재했고, 네이트온의 접속도 있었다고 경찰 스스로 증명하게 된다.

넷 사용기록이 삭제되었다는 것이다.

삭제된 범위는 매우 충격적인 내용을 이야기해준다.

다름이 아니라 2006년 6월 8일 윤지가 발견한 '성추행'과 '112'의 기록마저 삭제된 것이다.

다행히 사이버팀에서 6월 9일에 조사한 내용이 첨부되면서 윤지가 발견했던 내용이 진실임을 입증하게 된다.

반하여 생각해보면, 만일 윤지가 '성추행', '112'를 발견한 것을 확인한 후에 덕진경찰서에 신고하여 이를 확인하게 하지 않았다면 어떻게 되었을까? 결과적으로 위의 삭제는 2006년 6월 9일 이후부터 사이버수사대의 보고서가 작성된 2006년 6월

26일 사이에 이루어졌다고 할 수 있는 것이다.

아마도 현재의 경찰의 입장을 대변해본다면, 이윤희는 '성추행'도, '112'도 검색한 적이 없는 경우가 되었을 것이다.

정말 그렇게 생각하냐고 묻는다면 나는 100번이라도 그렇다고 대답할 것이다.

한 가지 의문이 남는다. 물론 이 의문에 대한 대답은 앞서 내가 한 것으로 보인다.

과연 누가 지웠을까?

누구일까?

둘 중 하나일 것이다.

하나는 2006년 6월 13일 저녁 7시 9분에 덕진경찰서에서 접속한 사람이고, 또 하나는 본 조사를 진행한 사이버수사대이다. 그 외 다른 옵션이 있을 수 있을까?

한 가지 질문을 하고 싶다.

과연 경찰은 이윤희 컴퓨터에 대한 포렌식을 얼마나 했을까? 다시 말해서, 이윤희 컴퓨터의 어느 정도의 정보, 즉 범위를 포렌식 했을까 하는 것이다.

나의 대답은 다음과 같다.

"오직 인터넷 기록!"

이 이상도 이 이하도 아니라고 확신한다.

이 이유에 관해서 설명하자면,

우선 경찰의 수동적 자세를 들 수 있다. 윤지는 '성추행'과 '112'의 검색기록을 확인하고 경찰에 수사를 요청했다. 경찰은 이를 토대로 인터넷 기록에 대해서만 수사를 했을 것으로 본다.

두 번째, 가족이 진행한 자체 포렌식 결과를 2020년 발표한 바 있는데, 이에 대한 어떠한 반론도 동의도 없다. 다시 말해서 이와 관련해서 자신들이 가지고 있는 정보가 없다는 점을 반증하는 것이다.

이윤희의 컴퓨터 기록 가운데 가장 중요한 것은 휴대폰이 없는 시기에 사용했던 네이트온이었음은 부인할 수 없는 사실이다.

그런데 경찰은 상반된 정보를 흘린다.

분명히 2006년 6월 4일부터 6월 8일 일정 시간까지의 인터넷 기록이 삭제되었다고 주장하는 경찰이었다. 특히나 6월 4일의 삭제 시작 시점은 오후 10시 48분이었음을 주목하자.

그런데 네이트온 기록은 또 살아있다고 한다.

경찰은 이윤희의 네이트온 사용기록 일부를 SBS 〈그것이 알고 싶다〉 팀에 제공하는데, 해당 기록 가운데 6월 4일의 기록은 2006년 6월 4일 오후 7시 14분이다. 다시 말해 사이버수사대가 삭제되었다고 하는 범위에 해당되지 않는다. 따라서 살아있는 정보가 될 수 있었을 것이다.

그렇다면 삭제된 구간의 네이트온 기록은 과연 완전히 삭제되어서 없는 것일까?

더더욱 의구심이 드는 것은 가족이 자체적으로 진행한 포렌식에서는 네이트온의 어떠한 기록도 남아 있지 않았다는 것이다.

네이트온의 기록은 경찰의 전유물이 되었다. 하지만 그들은 어떠한 정보도 공식적으로 가족에게는 공개하고 있지 않다.

그렇다면 과연 경찰은 이윤희의 네이트온 기록을 보유하고 있긴 할까?

2006년 당시만 해도 네이트 사(社)에 경찰이 연락하여 특정인의 수사 목적으로 요청만 하면 당시 특정인의 네이트온 사용내역을 받을 수 있었다.

지금처럼 압수수색 영장 청구 같은 복잡한 절차가 필요한 시기가 아니었다는 것이다.

바보가 아닌 다음에야 이에 대해 요청했으리라 본다. 그렇다면 상당한 양의 네이트온 대화 기록을 가지고 있어야 할 것이고, 여기에는 6월 3일 날치기 직후의, 이윤희의 네이트온 사용기록과 함께 6월 8일 오후 2시 18분 침입자의 네이트온 접속 및 사용기록 또한 포함되어 있을 것이다.

여기서까지 별다른 특이점이 없었을까?

이 글을 여기까지 읽은 독자 여러분은 어찌 생각하시는가? 과 이윤희 컴퓨터에서 ○○○○을 사용한 사람은 언니 ●●●, ■■■ 로 확인되는 바 이중 ■■■는 언제 네이트온을 사용하였는지 확인이 되었는가?

- ■■■가 이윤희에게
    '06. 5. 7. 20:38경 성공할 거라는 내용으로 1회 보냈고
- 이윤희가 ■■■에게
    '06. 5. 7. 20:43경 답장을 1회 보냈고
- ■■■ 가 이윤희에게
    '06. 6. 4 19:14경 날치기 당한 것을 위로하는 내용으로 1회 보냄

연 아무것도 없었을까?

그런데 왜 경찰은 말을 하지 못할까?

그것은 나중에 더 적극적으로 다루어 보겠다.

앞서 우리는 6월 3일 날치기당하여 사라졌던 이윤희의 휴대폰이 6월 9일에 다시 켜졌고 발신이 이루어졌음을 확인했다.

그리고 그 시각이 오후 4시 14분 22초였음을 확인할 수 있다.

그런데 이 시간은 어디서 많이 본 시간이다.

그렇다. 사이버수사대가 밝힌, 6월 9일 덕진경찰서 사이버팀이 이윤희의 원룸에서 처음으로 이윤희 컴퓨터에 접속했던 그 시각을 2006년 6월 9일 오후 4시 15분 이후라고 표현했다.

6월 9일 발신 내역과 동일한 시간대라고 봐도 무방할 정도의 시간이 적시되어 있다.

전북청 사이버수사대 디지털증거분석실 명의의 수사기록. 또렷하게 6. 9. 16:15 이후 확보라고 적혀 있다.

그럴 수도 있다. 이것이 우연이라면 말이다.

문제는 그렇지 않을 수도 있다는 점에서 기인한다.

그리고 사이버수사대의 발표 내용은 거짓이다.

2006년 6월 9일의 이윤희 컴퓨터는 당시 원룸을 방문한 사이버팀이 오후 4시 15분 후에 온 것이 아니라, 그 훨씬 전에 왔다 갔다고 이야기한다.

사이버팀이 이윤희의 원룸을 방문한 것은 6월 9일 오후 1시 30분경이었고, 그들은 이윤희의 컴퓨터에 IE History View가 담겨 있는 외장 하드를 오후 1시 36분에 삽입하고 곧바로 실행했음이 나와 있다.

다시 말해서, 사이버팀의 이윤희 컴퓨터에 대한 조사는 오후

사이버팀 조사 전후 컴퓨터 사용기록		
사용내역	위치	사용시각
응용프로그램사용	%csidl2%\보조프로그램\Windows탐색기.lnk	2006-06-09 13:35:14 금
응용프로그램사용	%csidl2%\보조프로그램	2006-06-09 13:35:14 금
응용프로그램사용	C:\WINDOWS\explorer.exe	2006-06-09 13:35:15 금
외부저장장치연결	USB 대용량 저장소 장치 (Solid state disk)	2006-06-09 13:36:32 금
외부저장장치연결	USB 대용량 저장소 장치 (Solid state disk)	2006-06-09 13:36:32 금
외부저장장치연결	ALTECH ANYDRIVE USB Device	2006-06-09 13:36:38 금
응용프로그램사용	G:\인터넷히스토리관련\iehv\iehv.exe	2006-06-09 13:36:56 금
응용프로그램사용	timedate.cpl	2006-06-09 13:37:18 금
인터넷사용기록	http://cyworld.nate.com/ims/cy_login.asp?result=.........	2006-06-09 15:17:34금
인터넷사용기록	http://minihp.cyworld.nate.com/pims/main/pims_main.asp?tid=21 094842&key=	2006-06-09 15:17:53금
인터넷사용기록	http://minihp.cyworld.nate.com/pims/main/pims_main.asp?tid=21 100437&urlstr=bang&urlstrsub=mv	2006-06-09 15:18:16금

이윤희 컴퓨터의 포렌식 자료 중 일부.

1시 35분경이라고 해야 할 것이다.

그렇다면 과연 경찰은 이윤희 컴퓨터의 수사를 오후 4시 15분 이후까지 한 것일까?

대답은 "결코 아니오!"이다.

위의 포렌식 결과를 보면, 누군가가 오후 3시 17분부터 인터넷을 사용하기 시작한 것을 볼 수 있다. 경찰이 사용한 것일까? 아니다. 이는 내 둘째 딸이 사용한 기록이다. 싸이월드에 자신의 아이디로 접속해서 들어가 본 것이 기록에 나와 있다.

다시 말해서, 사이버팀은 오후 4시 15분이 아닌, 오후 3시 17분 이전에 돌아갔다는 것을 반증하는 것이다.

그리고 이에 대한 윤지의 증언은 명확하다.

"사이버팀에서 형사들 와서 뭐 한 … 30분이나 있었을까? 별 거 없이 그냥 가던데?"

앞서 설명했듯이, 9일 점심은 윤지가 전주에 와서 첫 끼니를 먹은 때다. 윤지의 주장을 정리해보면, 사이버팀은 오후 1시 35분부터 조사를 시작해서 대략 오후 2시가 조금 넘은 시간에 마치고 돌아갔다는 것이다. 그리고 가족들은 점심 식사를 하기 위해서 원룸에서 나와 인근 식당에서 점심을 먹고, 다시 원룸에 돌아와서 이윤희의 컴퓨터를 사용한 것이 15시 17분이라는 것이다.

누구의 주장이 옳은 것 같은가?

경찰의 단순한 실수일까? 아니면 계획적인 은폐의 정황일까?

과연 이 시간이 어떠한 연관성을 가질까?

사이버수사대가 발표한 인터넷 사용기록을 보면 6월 8일 오후 3시 4분까지 삭제되었다고 되어 있다.

만일에 네이트온의 삭제 구간이 6월 8일 오후 4시 15분까지라면 어떻게 될까? 다시 말해서 경찰이 굳이 기록을 확보한 시점을 오후 4시 15분으로 해서 이전 자료에 대한 책임을 무마하려고 했다면 말이다. 그래서 수사 시점을 고의로 뒤로 미룬 것은 아닐까? 그전 일은 모른다는 식으로 말이다.

6월 9일 사이버수사대가 기록을 맞췄다면, 그게 네이트온 기록과 연결될 수 있다. 네이트온을 휴대폰으로도 로그인은 가능한데, 그 기록이 4시 14분까지 남아 있었고(이건 물론 지워졌지만), 그 전 시간인 오후 1시 36분이라고 명기해버리면, 자신들이 삭제한 것이 들통나니까. 원래 없었던 것처럼 꾸미려면 그랬어야 하지 않을까?

그렇지 않다면, 이 역시 경찰의 수사 기록 유지, 보관에 대한 의구심이 매우 드는 경우이다.

과연 수사기록이 제대로 있긴 한 것일까?

더 충격의 포렌식 결과

2019년 12월 14일 SBS〈그것이 알고 싶다〉 방송은 나를 포함한 가족들을 충격으로 몰아넣었다.

도대체 어떻게 관리했기에, 컴퓨터의 기록 일부가 삭제된다는 것이며, 그것이 하필이면 이윤희가 실종된 전후란 말인가?

방송이 나간 직후 여러 매체에서 아우성이었고, 가족들은 당연히 경찰에서 이에 대해 해명을 할 것으로 생각하고 기다리는 시간을 가졌다.

묵묵부답.

참을 수 없던 가족은 결국 2020년 1월 21일이 되어서야 전북경찰청을 방문하기에 이른다.

전북청사 1층 로비에 있는 카페.

4명이 앉을 수 있는 의자에 네 사람이 꾹꾹 눌러앉았다.

당시 수사 담당 형사와 윤희의 언니 그리고 언니를 도와주기

위해 함께한 네이버 카페 운영진 두 명이었다.●

"저희 직원들이 실수로 지운 거 같습니다. 죄송합니다."

둘째 딸의 얼굴은 이내 붉게 변했고, 참을 수 없는 분노의 표출 방식으로 택한 것은 한숨을 깊게 쉬는 것이었다.

실수라니?

어떻게 이 중대한 증거자료가 실수로 삭제될 수 있는가? 말이 되는 소리인가?

"말로는 좀 그렇고요, 공식적으로 사과나 해명을 해주셨으면 합니다."

전주를 떠나 윤지와 든든한 아군들이 향한 곳은 다름 아닌 청주였다.

SBS 〈그것이 알고 싶다〉가 방송되었을 때 이윤희의 하드디스크는 폐기되었다고 했는데, 사실 폐기되지 않았고 내가 철원에 보관하고 있었다.

그리고 이에 대해서 자체적으로 포렌식을 해보자는 가족회의를 거쳐 이 하드디스크를 들고 윤지가 청주에 있는 국내 최대의 포렌식 업체로 향하고 있는 것이다.

● 당시 둘째 딸의 아들, 내 손주도 함께 동행했지만 이들 면담에는 참석하지 않고 차에서 기다리고 있었다.

"저희 동생이 외국에 있는데, 쓰던 컴퓨터에 중요한 것이 있다고 해서요. 복구를 좀 다 하고 싶습니다."

"어느 부분을 복구하길 원하세요?"

"전부 다요. 싹 다 복구해주세요."

"네. 그럼 약 2주 정도 시간이 소요될 수 있습니다."

"괜찮습니다."

포렌식 업체에 방문했을 때엔 이 하드가 이윤희의 것인지 말하지 않았다. 그로 인해서 올 수 있는 또 다른 편견이 오히려 포렌식을 방해할 수도 있다고 생각했기 때문이다.

"특히 인터넷 사용한 거랑, 네이트온 기록을 좀 유심히 살펴봐주세요."

언니의 마지막 당부와 함께, 이윤희의 하드는 포렌식 업체로 넘어갔다.

그러고 나서 돌아오는 길. 내 둘째 딸은 중학생 아들의 품에서 울 수밖엔 없었다.

서러움은 끝이 없이 이어졌고, 지 동생이 사라져서도 괄시받는다고 생각했던 모양이다.

나 역시 그런 딸의 이야기에 눈시울을 붉힐 수밖에 없었다.

실종자 가족의 서러움에 불을 붙이는 게 경찰이라니 ······.

2020년 1월 30일.

열흘 만에 포렌식 결과가 나왔다.

업체로부터 파일을 인계받은 둘째 딸.

이를 확인을 하던 가족은 경악을 금할 수 없었다.

우리가 포렌식 업체로부터 받은 파일은 총 12가지였다. 이 가운데 컴퓨터의 기본 정보 등 시간이나 기간 정보의 내용이 담기지 않은 2가지를 제외하면 10가지였다.

컴퓨터 사용기록(Auto Complete 기록), 컴퓨터 사용기록(Log in 기록), 폴더 접근기록(Shellbag Log 기록), 설치된 응용프로그램 정보, 응용프로그램 사용로그, 외부저장장치 연결기록, 최근 실행 파일, 파일 실행기록(Lnk파일), 인터넷 검색기록, 인터넷 사용기록이 그것이다.

무엇 하나 덜 중요할 게 없는 말 그대로 '모든 것'을 포렌식 했다고 할 수 있을 것 같다.

그런데 이 가운데 무려 10가지에 대해서 삭제가 이루어진 정황이 드러난 것이다!!

지난 2020년 1월 21일에 우리가 항의 방문을 했을 때는 SBS 〈그것이 알고 싶다〉 방송에서 나온 인터넷 기록의 삭제에 대한 항의였다. 그도 그럴 것이, 당시에 우리가 알 수 있었던 삭제라는 행위의 범위는 오직 〈그것이 알고 싶다〉 방송에서 확인된 인터넷 사용기록뿐이었기 때문이다. 따라서 우리는 당연히 인터넷 기록의 삭제에 대한 사과만 한 것으로 생각했다.

하지만 그게 아니었다.

무려 10가지 항목에 대한 삭제가 이루어졌고, 이에 대한 사과를 한 것이 아닌지 의문스럽다.

삭제가 여기저기 불특정하게 삭제된 것이 아니었다. 불특정한 삭제에 대해서 일일이 우리가 알 수도 없는 노릇이다.

삭제된 부분을 확인해보니, 이윤희의 실종 전후 4일간의 기록, 즉 2006년 6월 4일부터 6월 8일까지의 기록이 10가지의 포렌식 자료에서 공통분모처럼 모조리 삭제가 이루어진 것이다!!

하나하나 살펴보자. 참혹할 뿐이지만.

컴퓨터 사용기록 가운데 Auto complete 기록

이 기록은 정확히는 자동 완성이라고 하면 될 것 같다. 이윤희가 인터넷을 사용하거나 어느 특정 프로그램을 사용할 때 이전에 입력한 내용이 자동 완성되어서 한 글자만 입력해도 과거 입력된 관련 단어들이 나오거나, 특정 입력란에 입력한 것이 있다면 이에 대한 입력분이 나오는 것이다. 길게 설명하지 않아도 컴퓨터를 사용하는 분들은 잘 알 내용이다.

포렌식을 통해서 확보한 이 자료는 2004년 12월 14일부터 2006년 4월 10일까지의 기록만이 존재한다. 즉, 2006년 4월 10일 이후의 기록이 없다. 800회 가까이 있던 자료가 갑자기 2006년 4월 10일 이후의 기록부터 없다?

컴퓨터 사용기록 (Auto Complete, 자동완성)		
폼이름	자동완성내용	생성날짜
2004. 12. 16 이후 자료 760여개 존재		
txtkeyword	민소매	2006-03-24 12:16:21 Fri
srch	전복대	2006-03-24 13:55:35 Fri
birth_1	1978	2006-04-10 07:43:34 Mon
birth_2	1	2006-04-10 07:43:34 Mon
birth_3	8	2006-04-10 07:43:34 Mon
home_tel	200346669	2006-04-10 07:43:34 Mon
job	이윤희	2006-04-10 07:43:34 Mon
name	mangne78	2006-04-10 07:43:34 Mon
txtkeyword	나시	2006-04-10 08:24:40 Mon
이후 자료 없음 / 삭제 추정		

매달 사용기록이 있는데 4월 10일 이후엔 한 건도 없다는 점이다. 분명히 삭제되었고, 이 부분의 특성상 문자적 입력이 필요한 것인데, 내용 가운데는 이윤희가 네이트온 등을 통해서 대화를 나눈 내용으로 보이는 것이 일부 있는 것으로 보아, 4월 10일 이후에 대한 삭제는 바로, 이윤희 실종과 직접 연관이 있는 자와 그 시기 이후부터 연루되었음을 추정해볼 수 있다.

게다가 이러한 기록은 결코 인터넷 사용이 없이는 불가능한데, 이 모든 자동완성 기록이 남은 시간대의 인터넷 사용기록이 모두 없다는 것은, 이를 포함하는 이윤희의 흔적을 고의적으로 지웠을 것이라고 강하게 추정할 수밖에 없게 한다. 게다가 이는 인터넷 익스플로어 6를 사용했던 당시의 기준으로 주간 단위로 전원의 On/Off 시에 이전 동일 기록이 덮어씌워졌기 때문에 기록이 삭제되었을 것이라는 주장과 다르다. 덮어씌워진 것이 아니라, 삭제된 것이다.

컴퓨터 로그인 기록

이 기록은 컴퓨터에서 이루어진 아이디와 비밀번호의 입력과 관련된 내용이라고 보면 이해가 쉬울 것이다. 이는 인터넷이 주가 될 것이고, 물론 네이트온 등의 로그인 기록도 포함될 것이다.

이 기록은 2004년 12월 21일부터 남아 있는데, 2006년 3월 8일 기록까지만이다. 그 이후로는 기록이 없다. 삭제된 것이다. 이는 잦은 사용이 이루어지는 것은 아니다. 한번 로그인을 하면 자동 로그인을 주로 사용한 이윤희에게 있어서 많은 기록을 남기진 않았다. 그렇다고 2006년 3월 8일 이후에 정말 3개월가량의 기간 동안 인터넷에서의 로그인 기록이 어떻게 한 번도 없을 수 있을까? 참 의아한 일은, 이 로그인 접속 기록에 네이버나 다음과 같은 포털사이트의 접속기록뿐만 아니라 그 유명한 악보공장 사이트의 접속 로그인 기록조차도 없다는 점이다.

이윤희는 오직 한 개의 아이디와 한 개의 비밀번호만을 사용했다. 어찌 보면 단순했고, 어찌보면 이를 대수롭지 않게 생각했음을 반증하는 것이라 본다.

그런데 이 기록을 보면, 의문점이 두 가지 있다.

첫째, 이윤희가 인터넷 사이트에 접속해서 아이디와 비밀번호를 입력했다는 것은, 해당 인터넷 사이트에 접속을 했기 때문이

컴퓨터 사용기록 (Log In, 로그인)		
웹주소	아이디	생성날짜
2004. 12. 21 이후 자료 40여개 존재		
http://www.melon.com/PIMS/myMelon/newMyInfo/icas CheckForm.jsp	mangne78	2006-01-17 03:23:33 Tue
http://www.isnose.co.kr/login.html	mangne78	2006-01-17 11:04:48 Tue
http://www.isnose.co.kr/login.html	mangne78@hotmail.com	2006-01-17 11:05:00 Tue
http://navershop.gmarket.co.kr/go.nhn	mangne78	2006-02-02 14:42:19 Thu
http://www.cjmall.com/login/login_pop.jsp	mangne78	2006-02-09 02:27:03 Thu
http://mail.shinsegae.com/public/util/cyberLogin.asp	mangne78	2006-02-09 10:09:11 Thu
http://www.gmarket.co.kr/challenge/neo_order/login_order.asp	mangne78	2006-02-13 00:36:08 Mon
http://shopping.naver.com/shoppingBar/go.nhn	mangne78	2006-02-13 01:44:00 Mon
http://www.yeoin.com/	mangne78	2006-03-08 01:06:11 Wed
이후 자료 없음 / 삭제 추정		

라고 볼 수 있다. 그런데 이 로그인을 했던 시각, 즉 인터넷에 접속을 해서 로그인을 했다는 바로 그 시각에, 반드시 있어야 하는 인터넷 사용기록이 전무하다. 접속기록 자체가 없다는 점이다. 이게 가능한 일일까?

과연 이것이 경찰이 주장하는 것처럼, 인터넷 익스플로어 6의 설정 중 하나였던 주간단위로 이전 기록들이 자동으로 덮어지기 때문일까?

포렌식상 인터넷 사용기록 가운데 2006년 2월 16일 오후 6시 28분부터 4월 14일 오후 4시 2분까지의 기록이 없다. 거의 두 달의 기간에 대한 인터넷 사용기록이 없다는 것 자체도 이상하지만, 이 기간 동안 이윤희가 전부 동일한 사이트에 접속했기 때문에 주간단위로 이전 접속기록이 이후 사용기록으로 덮어져서 이전 기록, 즉 2개월간의 기록은 지워진 것처럼 보인다는 어

로그인 기록과 인터넷 사용기록의 반전

컴퓨터 로그인 기록 (인터넷 로그인 기록)

Administrator	http://www.yeojin.com/	mangne78	*****	2006-03-08 01:06:11 Wed

인터넷에 접속해서 로그인을 한 기록은 있는데, 이 사이트에 접속한 흔적이 남아야 하는 인터넷 사용기록은 없을 수 있는 것일까?

인터넷 사용기록

URL	방문 시간	제목	방문 횟수
http://blog.naver.com/hjhae_chi?Redirect=Log&logNo=150001524500	2006-02-16 18:28	소중한 선물 :: 네이버 블로그	1
http://216.133.243.28/3.php?time=1144998158&check=5c07371fe7e804c19d22c2fd61401734&sid=6212&referrer_check...	2006-04-14 16:02		1

불성설에 가까운 이야기를 할 수 있으니, 천번 양보해서 그럴 수 있다 치더라도, 결코 해석할 수 없는 것이 있다. 바로 여인닷컴(www.yeoin.com)의 접속이다.

이윤희는 이 사이트에 2006년 3월 8일 새벽 1시 6분에 접속했다. 이 사이트의 접속기록은 인터넷 사이트 로그인 기록상에 남은 기록이다. 위에서 언급한 이윤희의 로그인(인터넷) 기록이기도 하다. 문제는 이것이 처음이자 마지막이었다는 것이다. 다시 말해서 이게 최종이라면, 당연히 이 기록은 인터넷 사용기록에 남아야 하지만, 앞서 말했듯이, 이 시각을 포함한 인터넷 사용기록은 하나도 없다.

이래도 주간단위로 덮어진 것이라고 할 수 있을까?

또 하나는 이윤희가 반드시 아이디와 비밀번호를 입력했어야 했을 법한 포털사이트(네이버나 다음과 같은)의 기록이 없다는 점이다. 거기에다가 그 유명한 여의도 M호텔의 접속기록이 있었던 악보공장의 사이트도 없다. 이상하지 않는가? 이윤희는 다음 (Daum)에는 자동 로그인을 해서 사용했는데, 어째서 이 기록이 없단 말인가?

어떻게 설명을 할 수 있을까?

오직 설명이 가능한 것은, 고의적인 "삭제"이지 않은가?

폴더 접근(Shellbag Log) 기록

이 기록은 이윤희가 컴퓨터 내의 특정한 폴더나 드라이브에 접속했을 때 나타나는 기록이다. 특히나 이윤희는 문서 폴더에 접속을 많이 했다.

이 기록 역시 2004년 12월 16일부터 존재하고 있는데, 이 기록은 2006년 5월 24일부터 6월 8일 오후 7시 36분까지의 기록이

폴더 접근기록 (Shellbag Log)	
Full Path	**Reg Key Time**
2004. 12. 16 이후 자료 200여 개 존재	
Desktop\My Documents	2006-05-19 08:58:53 Fri
Desktop\My Computer\C:\Documents and Settings\Administrator\바탕 화면\악리세미나	2006-05-21 10:47:49 Sun
Desktop\My Computer\C:\Documents and Settings\Administrator\바탕 화면	2006-05-21 10:47:53 Sun
Desktop\My Computer\C:\Documents and Settings\Administrator\Local Settings\Temporary internet Files\Content.IE5\YL12N2LO	2006-05-21 10:51:32 Sun
Desktop\My Computer\C:\Documents and Settings\Administrator\Local Settings\Temporary internet Files\Content.IE5	2006-05-24 19:26:06 Wed
Desktop\My Computer\C:\Documents and Settings\Administrator\Local Settings\Temporary internet Files\Content.IE5\SP2RKP6R	2006-05-24 19:26:06 Wed
기간 중 자료 없음 / 삭제 추정	
Desktop\My Computer\C:\Documents and Settings\Administrator	2006-06-08 19:34:20 Thu
Desktop\My Computer\C:\Documents and Settings\Administrator\Local Settings\Temporary internet Files	2006-06-08 19:36:52 Thu
Desktop\My Computer\C:\Program Files	2006-06-09 09:41:05 Fri

삭제되었다.

이 기록은 매일 이루어지는 것은 아니었다. 다시 말해서 5월 24일 이후부터 이윤희가 문서와 같은 폴더에 접근한 것이 6월 4일경으로 점프했을 수도 있다는 점이다. 따라서 6월 4일부터의 기록을 지우니, 그 이전 기록이 5월 24일이 되었을 가능성이 커 보인다.

설치된 응용프로그램의 정보

이 기록은 이윤희 컴퓨터에 설치된 응용프로그램, 즉 앱(App)에 대한 정보가 담겨 있는 기록이다.

2004년 12월 16일부터 2006년 6월 9일까지의 기록이 존재하는데, 2006년 5월 14일부터 6월 9일 오전 9시 33분 전까지의 기록이 삭제되어 있다.

설치된 응용프로그램 정보

이름	설치 경로	설치 시각
2004. 12. 16 이후 자료 160여개 설치		
Windows XP용 보안 업데이트 (KB912812)		2006-04-20 13:51:03 Thu
Windows XP용 보안 업데이트 (KB911562)		2006-04-20 13:51:20 Thu
Windows XP용 보안 업데이트 (KB908531)		2006-04-26 22:22:18 Wed
Windows XP용 업데이트 (KB900485)		2006-04-26 22:22:26 Wed
키워드(인터넷한글접속)도우미1.0	C:\Program Files\wnames\	2006-05-03 07:07:05 Wed
Windows XP용 보안 업데이트 (KB913580)		2006-05-14 02:00:36 Sun
기간 중 자료 없음 / 삭제 추정		
LG USB Modem driver	C:\Program Files\LG Electronics\LG USB Modem driver	2006-06-09 09:32:34 Fri
LGSync	C:\Program Files\CYON	2006-06-09 09:33:22 Fri
알씨	C:\Program Files\ESTsoft\ALSee\	2006-06-09 09:39:09 Fri

5. 전환 (轉換)

☑ CollectedData_8767.xml	2006-06-06 오전 3:19	XML 문서	2KB	DataColl(E:₩LYH₩C₩
☑ CollectedData_8757.xml	2006-06-06 오전 3:19	XML 문서	2KB	DataColl(E:₩LYH₩C₩
☑ N30_K491_1.bmp	2006-06-06 오전 2:59	BMP 파일	81KB	Temp(E:₩LYH₩C₩Pro
☑ ~DFA053.tmp	2006-06-06 오전 2:59	TMP 파일	48KB	Temp(E:₩LYH₩C₩Do
☑ nis_0601_235x60.gif	2006-06-05 오전 12:29	GIF 파일	6KB	Temp(E:₩LYH₩C₩Pro
aachi_0526_23560.gif	2006-06-04 오후 10:59	GIF 파일	5KB	Temp(E:₩LYH₩C₩Pro
TASKMGR.EXE-20256C55.pf	2006-06-04 오후 10:48	PF 파일	22KB	Prefetch(E:₩LYH₩C₩\
RealScaleViewer.exe	2006-06-04 오후 10:47	응용 프로그램	224KB	APP(E:₩LYH₩C₩RSI)
RealSizeViewer.exe	2006-06-04 오후 10:47	응용 프로그램	536KB	APP(E:₩LYH₩C₩RSI)
administrator@www.enuri[1].txt	2006-06-04 오후 10:45	텍스트 문서	1KB	Cookies(E:₩LYH₩C₩C
CA9KAX9V.htm	2006-06-04 오후 10:45	Chrome HTML D...	0KB	5OGZ59CX(E:₩LYH₩C

이는 위의 폴더 접근기록과 유사하다. 자주 발생하는 것은 아님을 알 수 있다. 하지만 이 내용이 삭제되었음을 우리는 이윤희 컴퓨터의 바탕화면에 있던 정보를 통해서 확인할 수 있었다.

이윤희는 2006년 6월 4일 밤 10시 47분에 RealScaleViewer.exe 라는 프로그램을 운영한 것을 확인할 수 있으나, 이마저 삭제된 것을 확인할 수 있었다. 이 프로그램의 정보가 없기 때문이다. 이는 위의 응용프로그램 사용로그에도 나타난다.

응용프로그램 사용 로그 기록

이는 위의 응용프로그램이 설치가 되어 이것이 이윤희 컴퓨터에서 사용자에 의해서 가동된 기록을 말한다.

이 역시 위에서 언급한 프로그램의 사용기록이 존재해야 하는데, 이것이 없다는 것은 분명하게 삭제가 이루어졌음을 알 수 있는 대목이다.

응용프로그램 사용 로그

이름	최종 실행 시각
2004. 12. 16 이후 자료 500여 개 존재	
MSN Messenger 7.0.lnk	2006-05-14 22:14:00 Sun
%csidl2%	2006-05-21 03:27:04 Sun
C:\Documents and Settings\Administrator\바탕 화면	2006-05-26 17:52:08 Fri
C:\Documents and Settings\Administrator\바탕 화면\한글 2002.lnk	2006-05-26 17:52:08 Fri
C:\Program Files\Microsoft Office\OFFICE11\POWERPNT.EXE	2006-05-27 18:30:23 Sat
C:\Program Files\Microsoft Office\OFFICE11\WINWORD.EXE	2006-05-27 18:40:26 Sat
기간 중 자료 없음 / 삭제 추정	
"C:\WINDOWS\system32\appwiz.cpl",프로그램 추가/제거	2006-06-08 19:30:34 Thu
"C:\WINDOWS\system32\sysdm.cpl",시스템	2006-06-08 19:32:31 Thu
"C:\WINDOWS\system32\timedate.cpl",날짜 및 시간	2006-06-08 19:36:06 Thu

외부저장장치 연결기록

외부저장장치 연결기록은 이윤희 컴퓨터에 USB 등의 연결이 이루어졌을 때 남는 기록이다.

이 역시 잦은 사용이 존재하는 것은 아니다. 주로 사용한 곳은 이윤희가 음악을 듣기 위해서 MP3 플레이어에 다운로드를 받거

외부저장장치 연결기록

장치 이름	시리얼 넘버	최초 연결시각	부팅 이후 연결시각
2004. 12. 15 이후 자료 50여 개 존재			
알 수 없는 장치 (USB Device)	5&3b592bb4&0&1	2006-01-17 12:24:39 Tue	2006-06-13 11:56:08 Tue
알 수 없는 장치 (USB Device)	5&3b592bb4&0&1	2006-01-17 12:24:39 Tue	2006-06-13 11:56:08 Tue
iriver Internet Audio Player	5&139ae3d8&0&5	2006-02-20 13:07:06 Mon	2006-02-22 11:36:24 Wed
iriver Internet Audio Player IFP-900	5&139ae3d8&0&5	2006-02-20 13:07:06 Mon	2006-02-22 11:36:24 Wed
알 수 없는 장치 (USB Device)	5&c2440ba&0&1	2006-03-07 19:12:41 Tue	2006-05-07 17:53:46 Sun
알 수 없는 장치 (USB Device)	5&c2440ba&0&1	2006-03-07 19:12:41 Tue	2006-05-07 17:53:46 Sun
기간 중 자료 없음 / 삭제 추정			
알 수 없는 장치 (USB Device)	5&35e6c75e&0&1	2006-06-09 09:30:59 Fri	2006-06-09 09:34:01 Fri
알 수 없는 장치 (USB Device)	5&35e6c75e&0&1	2006-06-09 09:30:59 Fri	2006-06-09 09:34:01 Fri
USB 대용량 저장소 장치 (Solid state disk)	346316DE3E00548D	2006-06-09 13:36:32 Fri	2006-06-09 13:36:37 Fri

나, 휴대폰으로 찍은 사진이나 영상을 다운로드 받기 위해서 연결한 것이 많은 부분을 차지하고 있다.

2004년 12월 15일부터 시작된 이 기록의 사용은 6월 9일까지 이어졌지만, 5월 9일부터 6월 9일까지의 기록이 삭제되어 있음을 확인할 수 있다.

물론 잦은 사용이 이루어지지 않았고, 3개월의 사용기간이 없을 가능성도 충분히 있다.

하지만 이윤희 컴퓨터는 그렇지 않다.

앞서 말했듯이, 이윤희는 휴대폰으로 동영상이나 사진을 찍고 이를 컴퓨터에 다운로드 받은 것들이 많이 있다.

이들 사진은 언제 다운로드 되어 컴퓨터에 저장되어 있는지를 보여주는데, 이윤희는 위의 정보에도 있듯이 2006년 3월 7일에 사진을 다운 받은 내용이 존재한다. 다시 말해 저기서 '알 수 없는 장치'라고 불려진 것은 사실 이윤희의 휴대폰을 연결한 것으로 볼 수 있다.

문제는 이윤희는 이후 2006년 5월 9일에도 사진을 다운 받은 것이 존재하는데, 18개의 동영상을 포함한 89개의 사진과 동영상을 한 번에 컴퓨터로 내려받은 기록이 존재한다.

이 기록은 매우 중요하다. 왜냐하면 이윤희가 날치기당한 휴대폰을 구입한 시기가 바로 이 직후로 판단되기 때문이다. 물론 경찰은 이조차 확인하지 못한 듯하다.

다시 말해서, 이윤희는 폰을 새로 바꾸기 전에 기존 폰에 있던 사진과 영상을 모두 다운 받았던 것이다.

그런데 이 기록, 즉 5월 9일의 접속기록이 없다.

삭제한 것이다.

최근 실행 파일 기록

이 기록은 이윤희가 컴퓨터에서 특정 파일을 열어본 기록이다. 즉 어떤 파일을 더블클릭해서 실행을 했다는 것이다.

이 기록 역시 2004년 12월 14일부터 시작되었다. 또한 이 기록은 2006년 5월 30일 오후 3시 11분부터 6월 9일 오후 4시 58분까지 삭제되었다.

물론 이 시기에 사용량이 저조할 수 있다. 매우 잦은 사용이 일어나진 않았기 때문이다. 문제는 이윤희가 사용한 이 기록의

최근 실행 파일		
바로가기 대상 이름	바로가기 이름	최종 실행시각
2004. 12. 16 이후 자료 330여 개 존재		
토깽이룸.gif	토깽이룸 (3).lnk	2006-03-07 19:20:59 Tue
gastrotomy,anastomosis.zip	gastrotomy,anastomosis.lnk	2006-04-23 21:04:33 Sun
noname01.bmp	noname01.lnk	2006-05-03 16:40:46 Wed
060228-0001.skm	060228-0001.lnk	2006-05-09 22:17:39 Tue
신경검사해석본[1].doc	신경검사해석본[1].lnk	2006-05-30 15:04:10 Tue
heart_worm[1].ppt	heart_worm[1].lnk	2006-05-30 15:11:58 Tue
기간 중 자료 없음 / 삭제 추정		
1.txt	1 (2).lnk	2006-06-09 16:58:16 Fri
이윤희.jpg	이윤희.lnk	2006-06-11 18:03:17 Sun
로컬 디스크(C:)	로컬 디스크(C).lnk	2006-06-11 18:03:17 Sun

대부분은 학과의 실험, 실습, 수업 등에 필요한 사진이나 문서 자료들이 대부분이었다는 점이다.

2006년 6월 5일은 1학기 실험 실습이 있던 시기였다. 과연 아무런 학습과 시험, 실습 자료를 보지도 않고 시험을 쳤을까?

그 전후 기록이 아무것도 없는 이유가 무엇일까? 사진 자료에 우리는 주목할 필요가 있다. 누군가가 반드시 지워야 할 사진 자료. 그것이 사라졌다면 이야기는 달라진다.

게다가 앞선 응용프로그램의 사용기록에서 본 것처럼, RealScaleView라는 응용프로그램의 사용 흔적은 보이지 않는다. 이것이 바탕화면에 있는 바로가기 파일이기 때문일까?

그렇다면 바로가기 파일 기록에는 있을까?

파일 실행기록 (Lnk)

우선 위에서 언급한 내용이 있는지부터 살펴보자.

이 기록은 바로가기를 실행한 기록으로 볼 수 있다. 앞서 말한 RealScaleViewer.exe의 실행은 2006년 6월 4일에 이루어졌다.

그런데 이 기록이 없다.

무려 1,400여 번의 실행이 있었고, 거의 매일같이 이루어졌던 이윤희의 바로가기 실행기록에서 무려 8일간의 기록이 사라졌다는 것은 누군가가 의도한 것이라고 할 수밖에 없다.

왜 이 기록을 삭제해야 했을까?

파일 실행 기록

Name	Base Path	Accessed
2005. 3. 1 이후 자료 18000여 개 존재		
원격 지원.lnk	D:\WINDOWS\system32\rcimlby.exe	05/31/09 02:35:16 오전
유틸리티 관리자.lnk	D:\WINDOWS\system32\utilman.exe	05/31/09 02:35:38 오전
A0158739.lnk	C:\프렌즈mp3\606.mp3	06/01/05 07:30:57 오전
206.lnk	C:\프렌즈mp3\206.mp3	06/01/05 07:35:38 오전
A0093064.lnk	C:\프렌즈통영상	06/01/05 07:42:42 오전
A0167893.lnk	C:\프렌즈mp3	06/01/05 07:46:20 오전
기간 중 자료 없음 / 삭제 추정		
알씨.lnk	C:\Program Files\ESTsoft\ALSee\ALSee.exe	06/09/06 09:39:02 오전
알씨.lnk	C:\Program Files\ESTsoft\ALSee\ALSee.exe	06/09/06 09:39:02 오전
알씨.lnk	C:\Program Files\ESTsoft\ALSee\ALSee.exe	06/09/06 09:39:02 오전

파일 기록을 살펴보면 상당수가 사진 자료인데, 이와 관련하여 누군가가 자신의 사진이 남아 있음을 확인한 게 아닐까? 그리고 그 시점의 사진이 주로 남겨져 있다면, 6월 6일 이전에 집중적으로 이윤희와 사진을 이윤희의 폰에 남긴 사람이 아닐까?

인터넷 검색기록

인터넷 검색기록은 실제 포털사이트나 쇼핑사이트 등을 통해서 검색어를 입력한 기록을 말한다.

2005년 4월부터의 기록이 남아 있는데, 총 450회 이상의 검색기록과 1천여 회의 방문기록을 담고 있다.

앞서 언급했듯이 대부분의 검색이 포털의 경우 네이버, 사전은 엠파스에서 이루어졌고, 여러 쇼핑사이트가 있었다.

이 가운데 이윤희가 사용한 다음(Daum)에서의 검색은 단

검색어	URL	방문 시각
	2005. 4. 10 이후 자료 490여 개 존재	
핸드폰	http://shopping.naver.com/search/all_search.nhn?where=all&frm=ns&q uery=%C7%DA%B5%E5%C6%F9&page=2	2006-06-04 22:15
핸드폰	http://shopping.naver.com/search/all_search.nhn?where=all&query=%C 7%DA%B5%E5%C6%F9&plt=list&sort=date	2006-06-04 22:16
핸드폰	http://shopping.naver.com/search/all_search.nhn?where=all&query=%C 7%DA%B5%E5%C6%F9&plt=list&sort=nreviews	2006-06-04 22:18
핸드폰	http://shopping.naver.com/search/all_search.nhn?where=all&query=%C 7%DA%B5%E5%C6%F9&plt=list&sort=price_inc	2006-06-04 22:32
핸드폰	http://shopping.naver.com/search/all_search.nhn?where=all&query=%C 7%DA%B5%E5%C6%F9&plt=list&sort=	2006-06-04 22:38
성추행	http://shopping.naver.com/search/all_search.nhn?where=all&frm=ns&q uery=%C7%DA%B5%E5%C6%F9	2006-06-04 22:44
	기간 중 자료 없음 / 삭제 추정	
성추행	http://cr.naver.com/rd?q=%BC%BA%C3%DF%C7%EO&f=nexearch&w=n exearch&p=.........	2006-06-08 19:38
아줌리	http://local.naver.com/search/search.naver?addr1=&addr2=&addr3=& where=local&frm=lssbox&query=%BE%C6%C1%DF%B8%AE	2006-06-08 22:53
아줌리	http://cr.naver.com/rd?q2=%BE%C6%C1%DF%B8%AE&f=local&p=&s=&m =1&u=http%3A//local.naver.com/search/search.naver%.........	2006-06-08 22:54

3회. 그것도 다른 사이트로의 이동을 위한 것이었다.

명확하게 보여주는 이윤희의 검색 패턴이라고 할 수 있다.

다시 말해서 이윤희가 네이버로 가서 '성추행'과 '112'를 검색했다고 보는 것이 타당하다.

이 수많은 검색기록 가운데, 2006년 6월 4일 오후 10시 44분부터 2006년 6월 8일 오후 7시 38분까지의 기록이 삭제되었다.

이 기록이 삭제되었음은 그 기간만으로도 확인할 수 있지만, 중요한 점은 6월 8일 저녁에 이윤희의 언니가 확인한 '성추행'과 '112'의 검색기록마저 삭제된 것에 있다.

이는 2006년 6월 9일 이윤희의 원룸을 방문한 덕진경찰서 사이버팀이 해당 내용을 확인했기에, 이것이 삭제되었음을 명확하게 해주는 것이다.

2006년 6월 8일, 언니가 발견한 이윤희의 '성추행', '112'검색내용

03:01

성추행, 112 검색

02:59

인터넷 사용기록

이는 이윤희가 인터넷 익스플로러 등의 인터넷 접속 프로그램을 통하여 인터넷 서핑을 한 내용이다. 굳이 검색을 하지 않아도 포털사이트의 특정 내용을 클릭해서 들어갔다 하더라도 남는 기록이다.

이 역시 인터넷 검색기록과 동일하게 2005년 4월부터의 기록이 있다.

총 3천 번 이상의 사용기록과 4천 번 이상의 방문기록을 확인할 수 있는데, 이 가운데 2006년 6월 4일 오후 10시 44분부터 6월 8일 오후 7시 38분까지의 기록이 삭제되었다.

이는 검색기록의 삭제와 궤를 같이한다. 그리고 앞서 설명한 것과 같이 컴퓨터 로그인 기록과도 상통해야 한다. 이와 관련해

5. 전환 (轉換)

인터넷 사용기록

제목	URL	방문 시각
2005. 4. 10 이후 자료 490여 개 존재		
http://shopping.naver.com/go.nhn?nv_mid=198207&mall_id=....	http://shopping.naver.com/go.nhn?nv_mid=198207&mall_id=gsestore&mall_pid........	2006-06-04 22:27
네이버 :: 지식쇼핑	http://shopping.naver.com/detail/detail.nhn?cat_id=OO070000&nv_mid=186379&tc=6	2006-06-04 22:29
네이버 :: 지식쇼핑	http://shopping.naver.com/search/all_search.	2006-06-04 22:32
네이버 :: 지식쇼핑	http://shopping.naver.com/search/all_........	2006-06-04 22:38
네이버 :: 지식쇼핑	http://shopping.naver.com/search/all_search.nhn?where=all&frm=ns&query=%C7%DA%B5%E5%C6%F9	2006-06-04 22:44
http://shopping.naver.com/go.nhn?nv_mid=198207&mall_id=...	http://shopping.naver.com/go.nhn?nv_mid=198207&mall_id=gsestore&mall_pid=1001597508&cat_id=.....	2006-06-04 22:44
기간 중 자료 없음 / 삭제 추정		
	http://cr.naver.com/rd?q=%BC%BA%C3%DF%C7%E0&f=nexearch&w=n........	2006-06-08 19:38
[NAVER] - :: 리얼사이즈뷰어 ::	http://rsishopping.naver.com/RealSize/Application/RSI Download_22............	2006-06-08 19:55
무제 문서	http://rsi.co.kr/demo/viewer_system/rank2.asp?sidx=22&upsite=$.........	2006-06-08 19:56

	삭제 구간 시작		삭제 구간 끝	
	일자	시간	일자	시간
컴퓨터 사용기록	2006.04.10			
컴퓨터 로그기록	2006.03.08			
폴더 접근기록	2006.05.24	19:25 pm	2006.06.09	21:39 pm
설치된 응용 프로그램 정보	2006.05.14	02:00 am	2006.06.09	21:33 pm
응용 프로그램 사용로그	2006.05.27	18:40 pm	2006.06.08	19:30 pm
외부 저장장치 연결기록	2006.05.27	18:40 pm	2006.06.08	19:30 pm
최근 실행파일	2006.05.30	15:11 pm	2006.06.09	16:58 pm
파일 실행기록(Lnk)	2006.05.31	21:06 pm	2006.06.09	21:39 pm
인터넷 검색기록	2006.06.04	22:44 pm	2006.06.08	19:38 pm
인터넷 사용기록	2006.06.04	22:44 pm	2006.06.08	19:38 pm
삭제 공통구간은 인터넷 검색 및 사용기록의 삭제 구간을 모두 포함				

서는 위에서 이미 삭제된 정황에 대해 충분하게 설명이 된 것으로 보인다.

총 10가지의 기록에는 공통적인 삭제 구간이 존재한다.

10가지의 모든 삭제 기록들은 인터넷 검색 및 사용기록 구간을 포함하고 있다. 다시 말해서 이윤희의 주요 사용기록 가운데 인터넷에 대한 기록 특히 네이트온의 운용 시간과 관련하여 집중적으로 삭제되었음이 확인된다.

우리는 이윤희 컴퓨터가 처참하게 난도질당한 사실을 목도했다.

과연 누가, 언제, 어떻게 이런 짓을 했을까?

그리고 왜 그랬어야만 했을까?

5. 전환 (轉換)

그런데 삭제는 한 번에 이루어진 것이 아닌 것으로 보인다.

2006년 6월 26일 전북청 사이버수사대의 발표에 따르면, 인터넷 사용기록이 2006년 6월 4일 오후 10시 48분부터, 6월 8일 오후 3시 4분까지 삭제되었다.

그런데 포렌식의 결과는 이를 부정하고 있다.

포렌식의 기록은 명확하게 2006년 6월 4일 오후 10시 44분부터 6월 8일 오후 7시 38분까지라고 이야기하고 있다.

6월 4일의 시작점에서 4분가량의 차이가 있는 것은 그렇다 치더라도, 6월 8일의 기록이 무려 4시간 34분의 차이가 있는 것은 간과할 수 없는 대목이다.

이는 결국 사이버수사대에서 확인한 삭제 시점 이후에, 또다시 삭제되었다는 것을 시사한다.

2006년에는 2006년의 포렌식 기술로 확인을 했을 것이고,

2020년에는 2020년의 기술로 확인했을 것이다.

다시 말해, 2006년보다 2020년의 발달된 기술로 포렌식을 했다면, 2006년에는 발견하거나 복구하지 못한 내용들도 2020년에는 복구할 수도 있었다는 것이고, 2020년에 포렌식 했을 때 복구가 되지 않고 삭제된 내용은 당연히 2006년에도 복구되지 못했을 것이라는 점이다.

따라서 2006년에 있던 기록, 즉 2006년 6월 8일 오후 3시 4분부터 오후 7시 38분까지의 기록이, 2020년에 확인했을 때에는 삭제되었다는 것이고, 이는 결국 이 구간을 누군가가 의도적으로 다시 삭제했다는 것이다.

달리 설명할 방법이 있는가?

6월 8일 오후 3시 4분부터 오후 7시 38분 사이에 무슨 일이 있었을까?

우선 오후 7시 38분은 윤지가 이윤희의 컴퓨터 인터넷 검색기록에서 '성추행'과 '112'를 발견한 시간이다. 당시 윤지는 검색기록 가운데 '성추행'을 클릭하여 확인해본 바 있다. 그리고 이 사실은 이미 경찰도 인지하고 있었고, 6월 9일 덕진경찰서 사이버팀의 조사 기록에도 있는 내용이었다.

이를 삭제하면 너무 티가 난다고 생각한 걸까?

그보다 더 중요한 사실에 우리는 주목해야 한다.

이 기간, 즉 6월 8일 오후 7시 38분까지의 인터넷 검색기록과

　　　　　　　　　　　　　　　5. 전환 (轉換)

- 관련시간대 컴퓨터 분석 기록

컴퓨터상 인터넷 접속기록인 히스토리, 웹캐쉬에 대하여 분석 한바, **쿠키(Cookie)** 는 6. 4. 22:45분경부터 6. 8. 19:51까지 기록이 없으며, Daily는 6. 13. 10:00이후부터 기록이 보존되고, History는 6. 4. 22:48경부터 6. 8. 15:04경까지 기록이 없으며, Weekly는 6. 4. 22:48경부터 6. 8. 15:04경까지 기록이 없으며, Web-cache는 6. 13. 09:55경 이전은 기록이 보전되어 있지 않았으나(분석의뢰서 31-15부터 32-18까지)

분석의뢰전 확보된 히스토리(6. 9. 16:15경 이후)에서는 6. 6. 02:59경에서 03:02경 Daily 히스토리 33개 확인하고, 이에 대한 내용은 ○○○에서 성추행(설추행), 112검색, ○○○○ 접속흔적(분석의뢰서 312-18, 19)이 발견되었으나 별다른 특징점을 발견할 수 없었으나, 추후 ○○ ○○ 추적기록인 통신사실협조의뢰하여 추적 수사 예정이고(분석의뢰서 32-21 하단 참조),

사용기록이 모두 삭제되었다는 것은, 2006년 6월 8일 오후 2시 18분의 침입자가 오후 6시 5분까지 사용한 컴퓨터의 기록을 포함하는 것이라는 점이다!!

돌려 이야기하면, 이 침입자가 자신의 이윤희 컴퓨터 사용기록 모두를 삭제해야 한다고 생각하고 이를 실행에 옮겼다고밖에는 볼 수 없고, 당연히 그는 덕진경찰서 혹은 전북청 사이버수사대와 밀접한 관련이 있는 자라고밖에는 볼 수 없지 않은가? 물론 2006년 당시에 포렌식에 대한 지식이 얼마나 있었을까. 그러니 결국 포렌식 수사에 대한 압박감으로 경찰 내부의 도움이 필요했을 수도 있지 않을까?

이것이 어떻게 실수가 될 수 있는가?

이걸 실수라고 한다면, 세상 모든 일에 실수가 아닌 것이 어디 있을까?

실수로 사람을 다치게 할 수도 있다. 그걸 실수라고 인정하고 재발 방지를 약속한다면 용서도 가능하다고 본다.

하지만 그런 실수가 10번, 11번이 계속되면 어느 누가 그것을 실수라고 할 수 있겠는가?

그리고 그 실수에 대한 진실을 밝히라고 하는데, 가족을 설명을 해줘도 못 알아듣는 멍청한 자들 취급한다면, 어떤 용서가 가능할까?

〈그것이 알고 싶다〉 방송을 보고 또 보고를 수십 번을 반복했던 것 같다. 그러다 보면 무엇인가 떠오를 수도 있다는 생각도 하면서.

올해 초였던 것 같다. 그렇게 이틀이 멀다 하고 돌려보던 〈그것이 알고 싶다〉 이윤희 편 다시보기를 하던 중 눈에 밟히는 장면이 있었다. 너무나 짧게 스쳐 지나가는 것이었지만, 왠지 예사롭지 않은 것 같았다.

아무리 제대로 돌려보려고 해도 잘 안 잡혀서 아들의 도움으로 그 장면을 캡처해 보았다.

처음엔 별 내용이 아니라 생각했다. 그런데, 찬찬히 읽어보니 그렇지 않았다.

그 캡처의 내용인즉슨 이렇다.

'이윤희 컴퓨터에서 △△△△을 사용한 사람은 언니 ○○○,

□□□로 확인되는 바, □□□는 언제 네이트온을 사용했는지 확인되었는가?'

이윤희의 컴퓨터에서 ··· 라는 뜻은 이윤희의 원룸에 있는 컴퓨터를 의미하는 것이고, △△△△은 아래의 내용을 봐서는 네이트온을 의미하는 것이다.

언니 ㅇㅇㅇ은 둘째 딸을 의미하고, □□□로 확인되는 바 ··· 의 뜻은 언니 외에 누군가가 이윤희의 원룸에서 이윤희의 컴퓨터를 사용하여, 자신의 아이디와 비밀번호를 입력해서 네이트온을 사용했다는 의미였다.

다시 말해서, 이윤희의 원룸에서 자유롭게 이윤희의 컴퓨터를 사용했던 자가 있었단 이야기였다.

이자가 이윤희와 나눈 대화의 시기와 내용을 보면 의구심이 들 수밖에 없다.

5월 7일, 오후 8시 36분경 □□□이 이윤희에게 성공할 거라는 내용으로 1회 보내고, 이에 대해서 7분 후 이윤희가 답장을 보냈다. (참 답답하게도 뭘 성공할 거라는 것인지에 대해서는 경찰이 함구하고 있다.)

그리고 6월 4일 오후 7시 14분경 날치기당한 것을 위로하는 내용으로 1회 보냈다고 2019년 〈그것이 알고 싶다〉 방송팀이 취재 과정에서 보낸 질의서에서 경찰이 밝힌 바다.

이윤희 컴퓨터에서의 네이트온 접속기록상 이렇게 소름돋는 내용이 담겨 있을 줄 몰랐다. 실제 얼마나 많은 비밀이 담겨 있었을까?

2006년 5월 7일과 6월 4일.

그날 이윤희는 어디에 있었을까? 이윤희가 만일에 전주에 없었다면, 누군가가 예전의 K처럼 이윤희의 부탁으로 원룸에 들어갔을 수도 있었을 테니까 말이다.

이윤희의 과수첩을 살펴보았다.

먼저 5월달의 수첩 내용을 보면,

5월 7일은 일요일이었고, 이윤희는 5월 5일 남양주에 갔다가 5월 6일에 전주로 내려온 것으로 보인다. 다시 말해서 이윤희는 전주에 있었다는 이야기다!

그렇다면 6월 4일은 어땠을까?

6월 4일 역시 이윤희는 전주에 있었다. 게다가 이날은 과외가

이윤희 과수첩 (5월)

월 Monday	화 tuesday	수 wednesday	목 thursday	금 friday	토 sat / sun 일
1 근로자의 날 TECA	2	3	4	5 어린이날/석가탄신일 (집에 감)	6 일차 전주옴 / 7
5 OHE	6	7	8	9	10 과외 430 과외 730 / 11 과외 300 500조모임 과외 730
12 Anastomosis	13	14	15	16	17 / 18
19 안과	20	21	22	23	24 / 25

이윤희의 과수첩에 기재된 내용 가운데 주요부분. 월요일엔 매주 실험 실습이 있었고, 토요일과 일요일에 과외가 있었으나, 5월, 특히 월요일에 집중된 실험 실습으로 인해 과외를 많이 하지 못했던 이윤희다. 그리고 실종 당일 피아노위에 올려져 있던 약 50만원정도가 5월에 과외를 많이 하지 못한 것을 보여준다고 할 수 있다. 그리고 5일 휴일이었던 때, 이윤희는 남양주 본가에 왔다가 6일 다시 내려간 것으로 보인다.

이윤희가 썼던 과수첩의 5월에 기록된 내용중 일부.

오후 7시 30분에 있었다.

이윤희는 과외 시간을 수첩에 기록해두었다. 730은 오후 7시 30분, 300은 오후 3시, 1030은 오후 10시 30분을 의미하는 이윤희만의 독특한 기록 방식이었다. 이 기록 방식은 10년을 대학 생활하면서 늘 과외를 해오던 방식이었기도 하다.

6월 4일 오후 3시와 7시 30분에 각각 과외가 있었다.

그리고 과외 시간은 대략 2시간 정도였고, 과외지가 인근이라 하더라도 이동에 걸리는 시간은 대략 30분 정도였다.

다시 말해서 6월 4일 오후 2시 30분부터 5시 30분까지, 그리고 오후 7시부터 10시까지는 이윤희가 원룸에 없었다는 확실한 증거가 되는 것이다.

5. 전환 (轉換)

이윤희 과수첩 (6월)

월 Monday	화 tuesday	수 wednesday	목 thursday	금 friday	토 sat / sun 일
			1	2 ♥실장사사망 전주 옴 과외 1030	3 과외 300 과외 530 4
5 Thorectomy	6 현충일 과외 300	7	8	9	10 과외 300 과외 730 11 과외 1030 과외 300 과외 730
12	13	14	15	16	17 18

내 생일을 맞아 이윤희는 3월 말경 남양주를 왔다가 6월 1일 언니의 집에서 하룻밤 잔 후에, 6월 2일 전주에 왔었다.
실질적으로 6월 6일부터는 방학을 맞이한 이윤희는 5월에 제대로 하지 못한 과외를 추가하기 시작하게, 생활비에 보태기 위해서 애를 썼던 것으로 보인다.
토요일과 일요일엔 오후는 거의 쉬면서 없이 과외에 많은 시간을 할애 했었다.
실종 당일인 6월 6일에도 오후 3시에 과외가 있었던 이윤희. 그 과외의 학부모는, 단 한번도 지각도 결석도 하지 않았던 학생이어서 와서한을 넘어서서 걱정을 하기까지 했었다고 한다. 그만큼 이윤희는 성실했다.

이윤희가 썼던 과수첩의 6월에 기록된 내용중 일부.

혹시나 이윤희가 과외를 가지 않은 것은 아닐까?

이윤희는 과외 일정이 변경되거나 취소되면 반드시 수첩에 기록으로 남겼다.

분명하게도 이윤희는 6월 4일 과외 시간엔 원룸에 없었다.

그런데 이 시간대에 □□□가 이윤희에게 네이트온 메시지를 보낸 것이다. 오후 7시 14분. 이윤희가 과외를 위해서 이동하고 있었을 무렵이다.

그랬기 때문에 이윤희는 이 메시지를 보지 못했고, 답장도 못 했을 것으로 보인다. 답장할 수 있는 환경이 아니었기 때문일 것이다. 과외 간 집에서 컴퓨터를 쓸 수도 없었을 거니와, 메시지가 온지조차 몰랐을 것이다. 지금의 스마트폰 시대와는 달리 당

이윤희의 과수첩 (6월 과외)

금 friday	토 sat / 일 sun	
2 ♥ 심장사상충	3 과외 300 / 과외 730	6월 3일과 6월4일의 과외 시간 패턴은 동일했다. 그리고 6월 10일과 11일부터 1030의 시간이 추가된 것으로 보아, 과외 학생이 추가 된 것으로 보인다.
전주 올		과외시간은 통상적으로 2시간이었던 것으로 파악된다.
과외 1030	4 과외 300 / 과외 730	따라서 이동 시간을 포함해서 이윤희는 대략 3시간 이상의 정도의 과외 시간간 간격을 두었던 것으로 보인다.
9	10 과외 1030 / 과외 300 / 과외 730	6월 4일의 경우, 오후 3시에 과외가 있었고 원룸으로 다시 돌아왔을 때는 오후 3시 30분경이었을 것이다.
	11 과외 1030 / 과외 300 / 과외 730	이윤희의 컴퓨터 포렌식 자료에 의하면 6월 4일에는 낮 12시 45분경에 인터넷을 사용한 것을 마지막으로 사용이 없다가 오후 18시 18분에 다시 사용하기 시작했다.
16	17	아마도 오후 3시의 과외 이후에 곧장 집에 온 것이 아니라, 학교에 들렀거나 개인 용무를 봤을 가능성도 배제할 순 없는 것이다.
	18	오후 7시 30분 과외를 위해서 이윤희는 최소한 7시경에는 원룸을 나왔을 것이다. 그리고 다시 원룸으로 돌아온 때는 오후 10시경으로 추정된다. 과외가 오후 9시 30분경에 끝났을 것이기 때문이다.

시 휴대폰으로의 인터넷 접속, 즉 로그인을 통해서 대화 내용에 접속하는 것은 엄청난 비용을 감당해야 했기에 이윤희가 그랬을 리가 만무하다.

그런데 그 내용이 좀 이상하다.

'날치기당한 것을 위로하는 내용'으로 보냈다.

6월 4일 이전의 가장 큰 사건은 모름지기 윤희가 가방을 날치기당한 일이었을 것이다. 그리고 그 사건은 6월 3일 새벽 00시 50분경에 일어났다.

하루 반나절이 지난 6월 4일, 그것도 오후 7시 14분까지 이자는 이윤희에게 날치기에 대해 위로조차 하지 못했다는 것이다. 그러니 메시지로 보낸 것이 아닌가?

게다가 만일에 이자가 이윤희가 원룸에 있을 때, 다시 말해 이

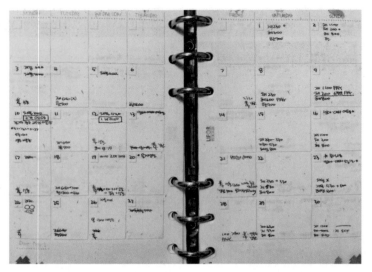

이윤희의 과수첩에 기록되어 있는 이윤희 과외 관련 내용들. 과외가 취소되면 항상 취소선을 그었었다.

전 과외를 마치고 이윤희가 원룸에 돌아온 오후 5시 30분부터 다시 과외를 가기 위해서 원룸을 나선 오후 7시경 사이에 찾아왔다면●, 이윤희와 이미 날치기에 대한 대화를 나누었을 것이다. 그게 가장 큰 사건이었을 테니 말이다. 그런데 그런 대화가 없었다는 것은 이자는 이윤희가 원룸을 나가고 나서 들어왔음을 의미할 수도 있을 것이다.

● 물론 이윤희가 이전 과외를 끝나고 다른 곳에서 시간을 보낸 후 곧바로 7시 30분 과외 장소로 이동했을 수도 있다.

결국 이윤희의 원룸의 비밀번호를 알고 자유롭게 드나들 수 있었던 자란 이야기인 셈이다.

과연 그는 누구일까?

이자가 이윤희의 컴퓨터를 사용했다면, 포렌식 자료 속에서 그 흔적을 발견할 수 있지 않을까?

포렌식 자료를 다시 들여다봐야 했다.

5월 7일의 흔적

우선 5월 7일 오후 8시 36분부터 8시 43분을 포함하고 있는 시간대에 이윤희의 컴퓨터 기록을 살펴보았다.

눈에 띄는 내용이 하나가 나왔다.

외부저장장치 연결기록이다.

누군가가 5월 7일 오후 5시 53분에 USB를 이윤희 컴퓨터에 꽂았던 기록이 발견되었다.

이윤희는 이날 이전에도, 이후에도 USB를 꽂아서 쓴 적이 없다. 이윤희가 남긴 외부저장장치의 연결기록은 아이리버라는 MP3 플레이어에 음악을 담거나, 찍어둔 사진이나 동영상을 담기 위해서 휴대폰을 연결한 것뿐이며, 이렇게 USB를 연결한 적은 없다. 물론 친구들 가운데 누군가가 함께 과제를 하면서 사용했을 수는 있지만, 그렇지 않음은 포렌식 자료를 보면 확인할 수

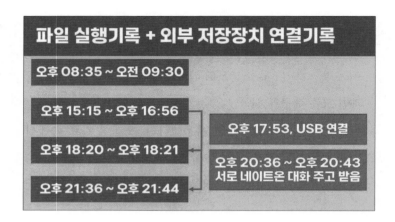

파일 실행기록 + 외부 저장장치 연결기록

오후 08:35 ~ 오전 09:30	
오후 15:15 ~ 오후 16:56	오후 17:53, USB 연결
오후 18:20 ~ 오후 18:21	오후 20:36 ~ 오후 20:43 서로 네이트온 대화 주고 받음
오후 21:36 ~ 오후 21:44	

있다.

그런데 동일한 시리얼 넘버를 가진 이 USB는 2006년 3월 7일에도 사용되었다. 물론 이후에 여러 번 사용됐을 수 있지만, 그렇다면 이자는 늦어도 3월부터 이윤희의 원룸에 들락날락한 사람이란 것인가?

5월 7일의 대화는 저녁 8시 36분과 43분에 있었다. 그런데 만일 이윤희 컴퓨터에 USB를 꽂아 쓴 누군가가 있었다면, 5월 7일 이윤희 컴퓨터로 네이트온을 쓴 자일 수도 있다. 즉, 그는 5월 7일 오후 5시 53분 전에 이윤희의 원룸에 왔을 수도 있다는 것이다.

이윤희의 5월 7일 컴퓨터 기록을 보면, 이윤희가 주로 사용한 것은 다음 날인 5월 8일에 있을 실습을 준비하기 위한 자료들과 관련 사진 자료들을 보는 것에 집중되어 있다.

다시 말해서 5월 7일 이윤희는 분명히 컴퓨터를 사용했음을 보여준다.

이윤희는 오전 8시 35분부터 컴퓨터를 사용한 것으로 보인다. 지속적으로 사용하지는 않은 것처럼 보이는데, 주로 자료를 열어서 실습 준비를 하거나 공부를 위해 하나의 파일을 열고서 장시간 그것을 가지고 실습 준비를 했을 것으로 보인다.

위 기록은 오직 파일 실행기록(바로가기 파일)과 외부저장장치 연결기록에만 남은 것이다. 안타깝지만, 이날의 인터넷 사용기록은 모조리 삭제되었다.

그자는 대략 오후 6시가 다 되어 가는 시각에 이윤희 원룸을 방문했고, 무엇을 위해서인지 모르겠지만 USB를 사용했으며,

2006년 당시 4학년 수의학과 실험실습 계획표

		오전			오후			
		수술실		외과학실	수술실		외과학실	
		호흡마취	주사마취	호흡마취	호흡마취	주사마취	호흡마취	주사마취
		A	B	C	D	E	F	G
4/24	laparectomy	1	2	3	4	5	6	7
5/1	TECA	7	1	2	3	4	5	6
5/8	OHE or castration	6	7	1	2	3	4	5
5/15	anastomosis	5	6	7	1	2	3	4
5/22	안과	4	5	6	7	1	2	3
5/29	patellar luxation	3	4	5	6	7	1	2
6/5	thorectomy	2	3	4	5	6	7	1

2006년 당시 4학년 실험실습 계획표. 5월의 매 월요일은 실험 실습으로 꽉 차있음을 알 수 있다. 이는 이윤희의 수첩에 기록된 실험 실습 계획과도 일치한다. 이윤희는 참고로 5조였다.

이윤희 학과 게시판에 공유되었던 4학년 실험실습 일정.

아마도 함께 저녁을 먹은 후, 이윤희가 잠시 학교로 간 동안 네이트온 대화를 한 것으로 보인다.

이윤희가 학교에 잠시 갔을 거라고 유추하는 이유는 두 가지다. 하나는 앞서 말했지만, 5월 8일은 실습이 있는 하루였다.

따라서 이를 준비하기 위한 조별 모임을 했을 것으로 보인다. 더 중요한 것은 이윤희가 컴퓨터를 사용했다는 점이다. (참 답답하지만, 이런 쉬운 정보 하나까지 경찰은 함구하고 있다는 것이다) 이윤희는 노트북이 없었다. 따라서 5월 7일 오후 8시 43분에 자신이 네이트온으로 답장을 보내기 위해서는 컴퓨터를 사용했을 것인데, 아마도 학교에 있는 것을 사용했을 것이라고 보는 이유다. 자신의 원룸에 누가 있는데, 굳이 나가서 PC방을 가진 않았을 테니까. 그렇다면 학교인데, 무슨 일로 학교에 갔을까를 고민해 보면 다음 날의 실습 준비를 위해서라고 합리적인 추론을 할 수 있는 것이다.

이윤희가 학교 컴퓨터로 네이트온을 접속했고, 이윤희 원룸에 있던 이자는 이윤희의 접속을 확인하고는 메시지를 보냈을 것이다.

그렇다면, 이자는 수의학과 학생은 아니란 말인가? 당시 수의학과 4학년은 모두가 동일한 실험 실습이 있었다. 그 사실은 학과 게시판의 실험 실습 계획표와 이윤희 학과 수첩에 동일한 내용으로 기록되어 있는 바이다. 친구라면 분명히 자신도 5월 8일에 실험 실습이 있을 터인데, 이윤희는 이런저런 준비로 학교에 가 있고 본인은 이윤희의 원룸에 있다? 말이 안 되는 것 같다. 게다가 특별한 관계가 아닌 다음에야 이윤희가 그걸 용인해줄 사람도 아니니 말이다.

특히나 '성공할 것이라는 내용'으로 보낸 것은 아무래도 5월 8일 실험 실습이 성공할 것이라는 응원의 메시지였지 않을까? 그렇다면 자신이 수의학과 학생이라면, 이윤희에게 이런 메시지를 보낼 이유가 있을까? 만일 그렇다면 이윤희와는 특별한 관계에 있던 자임엔 틀림이 없다. K군의 눈을 피해서 말이다.

중요한 것은 이윤희는 자신의 원룸에 자신이 없는데도 누군가가 거기 있도록 허락해 줬다는 것이다. 과연 그럴 만한 친구나 교수나 지인이 있었을까? 그자는 누구일까? 둘은 과연 어떤 관계일까?

6월 4일의 흔적

6월 4일 이자가 남긴 흔적은 더욱더 뚜렷해 보인다.

6월 4일 오후 3시와 7시 30분에 이윤희는 과외가 있었다.

다시 말하면 과외 시간 동안에는 컴퓨터를 사용할 수 없었을 것이다.

6월 4일 이윤희가 컴퓨터를 사용한 흔적은 인터넷 사용기록을 통해서 흔적이 남아 있다. 나머지는 모두 삭제되었지만 말이

	시작 시간	끝 시간	사용시간(분)	방문사이트	검색 내용
1	18:18	18:21	3	옥션	볼레로
2	18:21	18:41	20	사용 안함	X
3	18:41	18:42	1	다음 로그인/다음 카페	X
4	18:42	19:06	24	사용 안함	X
5	19:06	19:53	47	지마켓	샌들
6	19:53	19:53	1	옥션	토오픈
7	19:53	20:09	16	사용 안함	X
8	20:06	20:09	3	지마켓	X
9	20:09	22:06	117	사용 안함	X
10	22:06	22:44	38	네이버 지식쇼핑	핸드폰

2006년 6월 4일 이윤희 컴퓨터의 인터넷 사용기록들 중 일부.

다.

이윤희가 6월 4일 인터넷을 처음 사용하기 시작한 것은 오후 12시 44분이다. 단지 1분의 사용을 끝으로 사용하지 않고 있다가(컴퓨터는 켜 둔 상태로), 오후 6시 18분에 다시 인터넷을 사용하기 시작한다.

위 표에서 1항은 이윤희가 사용한 것으로 보인다. 볼레로는 여성 의류의 한 종류로 보이는데, 이윤희가 즐겨 입던 스타일의 옷이다. 그리고 약 20분 정도 사용이 멈춰지는데(표의 2항) 아마도 이때 그자가 원룸에 방문했을 것으로 보인다.

특이한 것은 3항인데 다음(Daum)에 로그인한다. 이윤희는 다음을 시작화면으로 사용하면서 다음 메일엔 자동 로그인을 설정

해두었다. 다시 말해서 로그인을 따로 할 필요가 없다는 이야기이다.

특히 2006년 들어서는 2월 13일에 다음에 로그인을 한 이후로 오직 6월 4일에야 다시 로그인한다. 이 점은 시사하는 바가 크다. 이윤희가 2006년 2월 13일에 비로소 시작화면을 설정했다고 유추해볼 수 있고, 이후 2006년 6월 4일의 로그인은 이윤희가 아닌 다른 사람이 이윤희의 컴퓨터에서 자신의 아이디와 비밀번호로 로그인을 했다는 것을 방증하는 것이기 때문이다.

물론 이 기록은 당연히 컴퓨터 로그 기록에 남아야 했다. 하지만 앞서 봤듯이, 처참하게 삭제되었다.

이자는 분명히 자신의 아이디와 비밀번호로 다음에 들어갔고, 다음 카페에 들어가 보기도 했다. (2006년의 URL을 따라 들어가보면 안타깝게도 거의 대부분은 열리지 않는다. 시간이 오래 되었기 때문일 것이다. 과연 이를 2006년에 알았다면. 경찰이 이런 수사를 제대로 했다면, 이윤희는 2006년에 찾을 수도 있었을 텐데 ……)

그리고 별다른 사용이 없이 대략 24분을 보낸다. 물론 이 동안 카페 내 글들을 읽었을 수도 있다.

그리고 오후 7시 6분에 다른 사이트로 이동한다. 아마도 이즈음에 이윤희가 과외를 가기 위해서 자리를 떴을 것이다.

그리고 이자는 샌들, 토오픈 등 여름 여성 신발에 대한 검색을 꽤 오랜 시간 지속했다.

그렇다면 이자는 여성일까? 아니면 남성인데 이윤희를 위해 무엇인가를 선물하고 싶었던 것일까?

6월에 무슨 이벤트가 있었을까? 만난 지 100일이라도 되는 날이 6월 5일이나 6일이었던 것일까?

아무튼 이자는 오후 8시 9분부터 오후 10시 6분까지는 별다른 흔적이 없다. 사용을 안 한 것인지, 지워진 것인지는 알 수 없지만, 다시 인터넷 사용이 재개된 것은 오후 10시 6분. 그리고 검색한 단어가 '휴대폰'인 것으로 보아, 이윤희가 검색한 것으로 보인다. 그렇다. 이윤희에게 가장 급하고 중요한 것은 당시에 날치기당한 휴대폰이었으니까 말이다.

이는 오후 10시 6분에는 이미 이윤희가 와 있었다는 의미다. 오후 9시 30분에 과외를 마치고 돌아온 이윤희의 동선과 시간대는 맞아떨어지는 것 같다. 그런데 오후 10시 44분의 인터넷 사용기록을 마지막으로 그 이후의 것은 삭제되었다.

이는 전북청 사이버수사대의 2006년 6월 26일 보고서에도 기록된 내용이다.

그런데 이윤희의 컴퓨터는 6월 4일을 넘겨 6월 5일 새벽 2시 30분이 되어서야 꺼진다.

과연 3시간 34분동안 컴퓨터를 쓰질 않고 켜두기만 했을까? 2006년 6월 6일 새벽 4시 21분에 컴퓨터가 꺼졌듯이 말이다.

5월 7일, 6월 4일, 6월 6일… 동일인인가?		
5월 7일	**6월 4일**	**6월 6일**
일요일	일요일	공휴일
컴퓨터 사용	컴퓨터 사용	컴퓨터 사용
컴퓨터 끔?	컴퓨터 끔	컴퓨터 끔
파일/외부저장	인터넷	완전 삭제

5월 7일, 6월 4일의 그자. 6월 6일에도 찾아왔는가?

이는 매우 중요한 것이다. 결국 이 방문자가 이윤희의 실종과 밀접한 관련이 있을 수밖에 없기 때문이다.

2006년 5월 7일과 6월 4일에 이윤희의 원룸을 방문한 자는 동일인이다. 이는 경찰의 답변서에도 분명히 명시된 바이다. ㅁㅁㅁ가 누구냐고 물었던 것에 대한 답변이었고, 그 ㅁㅁㅁ이 이윤희와 네이트온으로 나눈 대화 기록이기 때문이다.

그렇다면 6월 6일의 방문자도 동일인일까?

위 표는 세 차례의 방문 일자에 대한 공통점을 정리한 것이다.

여러분은 어떻게 생각하시는가?

나는 이자가 분명히 어떤 방식으로든 이윤희의 실종과 연관되어 있다고 강하게 의심할 수밖에 없다. 그렇지 않은가?

5. 전환 (轉換)

그렇다면 이자는 누구인가?

과연 이윤희의 친구들 가운데 한 사람일까? 아니면 학교 관계자일까? 아니면 이윤희가 연애를 했던 제3의 인물일까?

만일 이자가 6월 6일에도 방문한 자라면, 보통의 관계는 아닐 것이다. 왜냐하면 이윤희는 결코 편한 상대 친구를 기다리기 위해서 새벽 회식 자리와 담배 연기에 찌든 옷을 갈아입지도 않고 있었을 애가 아니다.

이는 이윤희의 행동패턴을 조금만 아는 자라면 알 수 있다.

경찰과 전북대 커넥션인가?

시간은 덧없이 흘러갔다.

2006년이 지나고, 어느덧 윤희의 친구들은 졸업을 하고 한 사회의 어엿한 구성원이 되어서 대한민국의 경제를 뒷받침하고 있기도 하다.

2006년 6월 6일 중순 이후, 나는 학교 정문 앞에서 1인 시위를 펼쳤다.

6개월여간 지속된 시위는 친구들의 졸업식 때만큼은 멈춰야 했다. 그리고 나는 조용히 윤희가 마지막 수업을 했을 강의실을 찾아가 혼자 눈물을 삼켜야 했다.

참으로 원통할 뿐이었다. 9년 반을 공부했던 아이였다. 수학을 좋아하고 잘해서 통계학을 전공했고, 미술을 좋아하고 잘해서 미술을 배웠으며, 그중에서도 동물을 사랑하는 마음이 가장 커서 수의학과에 들어간 아이였다.

이젠 그 아이가 2024년이면 만 마흔여섯이다.

나에겐 언제나 스물아홉으로 남아 있는 꼬맹이가 말이다.

친구들처럼 졸업하고 자신의 꿈을 펼치며, 결혼도 하고, 떡하니 내 품에 손주를 안겨주었을 것이다. 그러면서 눈은 누굴 담고, 코는 누굴 담고, 커서 엄마 닮으면 뭘 잘하겠다는 이야기를 해줬을 테고, 이젠 그 손주도 커서 중학생이 되어 있지 않을까.

시간의 흐름은 단지 지난 과거를 돌이키게 하는 고통만을 수반하는 게 아니다. 지난 과거에서 비롯될 수 있었던 미래를 함께 수반하기 때문에 더욱 고통스러운 것이다.

사건은 담당 형사를 돌고 돌아, 김ㅇㅇ 형사에게까지 갔다. 이미 윤희가 사라진 지 4년이 지난 시점이다. 한번은 그 형사와 함께 서울 모처에서 여러 실종자 가족과 실종사건의 담당 수사관들이 함께하는 모임에 참석할 일이 있었다. 그렇게 나와 김 형사가 참석했고, 마치고 나오는 길에 나는 김 형사에게 내 집이 근처이니 가서 차라도 한 잔 하자고 제안했다.

처음엔 거절했고, 나 역시 예의상 한 번 더 물어본다고 한 것이었는데 "그럼 그럴까요?" 해서 남양주에 있던 내 집을 방문하게 되었다.

집으로 향하던 내 차에서 김 형사는 의미심장한 이야기를 꺼내었다.

"뭐, 이제 와서 일이 이렇게까지 되었으니까 말씀드려야겠네

2006년 12월. 전북대 수의학과의 마지막 수업이 있는 날. 나는 여느 때와 다름없이 학교 앞 시위를 이어갔었다.

요."

　무슨 말을 하려는 것일까? 귀를 쫑긋 세우면서 운전대를 잡고 있었다.

　"범인은 ○○랑, ○○이에요."

　솔직히 그 당시에는 그다지 놀랍지도 않았다.

　이 둘에 대한 의심과 의혹이 상당했던 시기였기 때문이었다. 그래도 궁금해서 물어보고 싶었다.

　"뭐 특별한 거라도 나왔나요?"

　"아니 … 뭐 특별한 게 없으니까 못 잡아 넣는 건데 … 결정적인 거 하나면 되는데, 그게 안 되니 참 미칠 노릇이네요."

　이제 와 생각하면, 어떤 용의자든지 결정적인 증거 하나만 있으면 되는 거였다. 하지만 당시에 나는 순진했던 것 같다. 그저 내가 이놈이 범인일 것으로 추정했던 놈을 경찰도 한목소리로 이야기해주니, 그저 그 소리가 응원으로 들렸고, 내 아드레날린 은 솟구쳤었다.

그저 날 응원해주기 위해서 했던 말이었을까?

돌이켜 생각해본다 … 라는 말에 대해서 요즘 참 자주 경험하 고 실감하는 것 같다.

경찰이라는 단어를 '돌이켜 생각해보면', 여러 가지 단어들이 떠오른다.

나의 경험을 오직 막내딸이 사라진 이후로 한정해서 경찰이 라는 단어를 생각해보면, 의지(依支), 희망로 시작해서, 의구심, 답답함을 넘어 이제는 분노와 절망이라는 단어가 떠오른다.

의지와 희망은 처음 실종을 접했을 때 실종자 가족이 막연히 할 수밖에 없는 감정적 호소였다. 누구나 이 단계는 거치게 마련 이다.

왜 내가 의구심과 답답함이란 감정을 가져야 했는지에 관해 서 이야기를 좀 해보고자 한다.

앞서 김 형사와 이야기를 나눈 그 무렵은 사건이 해결되고 윤 희를 찾을 수 있을 것으로 보이는 희망의 마지막 단계였던 것 같 다. 의구심으로 들어가는 단계는 시간의 배열로 이루어지는 생 각이 아닌, 과거에 있었던 일들에 대한 회상으로 시작된다는 것을 깨달았다.

김 형사의 이야기가 있기 전, 그러니까 김 형사가 담당하기 전에 오 형사가 팀장이었을 때의 일이다. 다시 말해, 사건 초기였다.

원룸에 있던 나에게 안부를 묻는 차원에서 형사들이 방문했다. 나는 무심코 원룸에서 창밖을 쳐다보았는데, 원룸 앞 전봇대 주변을 몇 명의 남자들이 어슬렁거리고 있었다.

"저게 누구지? 못 보던 사람들인데."

내 혼잣말에 같이 있던 오 형사도 창밖을 내다보곤 말했다.

"청(경찰청) 사람들 같은데?"

그 말을 듣고 다시 보니, 형사들 같았다.

형사들이 왜 여기에 왔을까? 당시에는 단순하게 다른 사건 때문이거나, 전북청 차원에서의 수사를 지원하기 위해서라고 생각해서 오히려 좋은 일이라고 봤다.

하지만 그게 아니었다.

이 일이 있은 직후 당시 사건 담당 경찰들의 수뇌부라고 할 수 있는 수사 담당 책임자가 원룸을 방문한 적이 있다.

그 수사 담당 책임자는 당시 담당 팀들을 원룸으로 불러 모아 놓고, 현장 지휘를 하는 모양새를 보였다. 겉으로는 그럴싸해 보였다. 하지만 그렇지 않다는 것을 우리는 뒤늦게 깨달았던 것이다.

당시 그 사람이 한 말이 아직도 잊혀지지 않는다.

"아버님, 윤희는 제 과 후배이기도 해요. 꼭 찾아 드릴 테니 걱정하지 말고 계세요."

과 후배란 소리에 잠시 놀랐다. 알고 보니 이 수사 담당 책임자가 수의학과 출신이 아닌가!

수의학과를 나와서 경찰이 된 것도 보통의 일은 아니지만, 수사 담당 책임자의 위치까지 올라간 것도 어찌 보면 대단한 일이다.

그런데, 이 수사 담당 책임자의 출연은 또 다른 의혹을 증폭시키는 계기가 되었다.

아무튼 이 사람의 방문 이후 달라진 것이 하나가 있었다.

지금까지 전혀 반응하지 않던 전북대가 갑자기 친절해진 것이다.

앞서 말했지만, 나는 6개월가량을 전북대 정문에서 차량을 동원해서 시위했던 사람이다. 어찌 보면 험악했을 그 시위에 대해서 학교 측 어느 누구도 저지하는 사람도 없었고, 찾아와 이유를 묻는 사람도 없었던 데다가 더더욱이나 수고한다고 격려해주거나 응원해주는 사람은 전무했다.

그랬던 전북대가, 수의학과 출신의 수사 담당 책임자가 방문한 이후에 갑자기 고급 한식당에 초대를 했다.

그 자리에는 당시의 학장과 주임교수 등 세 사람이 참석을 했고, 나를 위로해주는 자리라 마련했다고 한다.

이런 자리가 한 번이 아니라 세 번씩이나 동시다발적으로 열렸다. 물론 그렇다고 해서 내게 시위를 멈춰달라고 요구하는 것도 아니었고, 사건 해결을 위해 학교 차원에서 어떠한 지원을 약속하는 것도 아니었다.

그저 밥만 먹었다. 그게 고급 한정식이라고 내 목구멍으로 제대로 넘어갈 리가 있었겠나?

돌이켜 생각해보니, 수의학과 출신의 수사 담당 책임자가 한마디 해서 이런 자리가 만들어졌다 … 싶은 생각이 들었던 적이 있었다. 그리고 작금에 와서 생각하고 판단해보면, 수의학과 출신의 수사 담당 책임자와 전북대학교의 커넥션이 예사롭지 않았을 수 있겠다는 생각을 할 수밖에 없다.

누가 봐도 이 사건은 면식이 있는 자에 의해서 실종이 이루어진 사건이라고 볼 수밖에 없고, 서울에서 줄곧 살다가 전주에서 생활한 지 이제 3년 반밖에 안 된 아이이니 면식의 범위는 그다지 넓지 않다고 봐야 하지 않을까?

게다가 이윤희가 옷도 갈아입지 못하고 기다려야 했던 자리면, 그 범위가 더욱 좁아질 수밖에 없다고 봐야 할 것이다.

이후의 상황들은 용의선상에서 전북대 관계자를 "결코" 빼놓을 수 없게 만든다.

만일 전북대 관계자가 이윤희의 실종에 깊숙이 개입되어 있

5. 전환 (轉換)

는 자라면.

다시 한번 염두에 두어보자.

전북대(수의학과)— 수의학과 출신의 수사 담당 책임자—경찰.

어떠한 커넥션도 없다고 자신 있게 말할 수 있을까?

최소한 나에겐 없다.

이 삼각구조의 커넥션에 대해서 우리는 반드시 기억하고 넘어가야 한다.

2006년 당시의 전주 덕진경찰서는 경찰이 할 수 있는 부패와 무능의 극치를 달리는 곳이었다.

2006년 12월 ○○일보의 기사를 주목해보자.

"전주 덕진 뿔 올 자체 사고 4건 기강해이 심각"
"또 덕진경찰서야?"

'음주운전 후 주민 폭행' '피의자로부터 뇌물 받음' '피해자 성추행' 등 자체 사고가 잇따랐던 전북 전주 덕진경찰서에서 이번엔 소속 경찰관이 내연녀가 운영하는 술집에 불을 지르는 사고를 쳤다. 연말연시 비상시기인 데다 전북지역에서 치안 수요가 가장 많은 곳에서 경찰의 기강해이가 도를 넘었다는 지적이다.

21일 오후 10시 15분께 수사과 유 모(41) 경사는 내연녀 김모(43) 씨가 운영하는 전주시 완산구 서신동 S 호프집에 찾아가 미리 준비한 휘발유 1.8리터를 가스난로에 뿌려 불을 내고 달아났다가 붙잡혔다. 경찰은 22일 유 경사에 대해 현주건조물방화치상 혐의로 구속영장을 신청했다.

이 사고로 불은 건물 내부 일부를 태우고 10분 만에 진화됐지만, 난로 옆 테이블에 앉아 있던 김 씨와 종업원 오모(40) 씨, 손님 이모(51) 씨, 유 경사 4명이 전신에 1~3도의 화상을 입었다.

경찰에 따르면 유 경사는 사고 당일 저녁 친구와 술을 마신 뒤 이 호프집에 들어와 김 씨가 남자 손님 옆에 앉아서 같이 술을 마시는 모습을 보고 격분, 방화한 것으로 밝혀졌다. 유 경사는 사고 전날 내연녀와 말다툼한 뒤 "장사를 안 하겠다"라는 약속을 한 후 다음 날 영업을 하자 방화한 것으로 드러났다.

앞서 이 경찰서에서는 자체 사고가 끊이지 않았다. 2월 25일 역전지구대 한모(42) 경장은 화재 사건 피해자 A(33?여)씨 집을 찾아갔다가 잠을 자고 있던 피해자 A씨의 가슴을 만져 성추행 혐의로 파면 조처됐다.

이어 3월 11일에는 수사과 이모(40) 경사가 사기 등의 혐의로 기소중지 됐다가 경기도 용인경찰서에 검거된 피의자를 이송하는 도중, 피의자가 잘 봐달라며 건네준 100만 원권 수표 1장을 받아 사용하다 파면되기도 했다.

이뿐 아니다. 6월 14일 새벽 수사과 조모(47) 경위가 완주군 이서면 주택가에서 옆집 개가 짖는다며 구타한 뒤 음주 상태에서 차를 몰고 가려다 개 주인이 가로막자 폭행했다. 조 경위는 음주 측정 결과 혈중알코올 농도 0.135%의 만취 상태였던 것으로 밝혀져 정직 3개월의 중징계를 받고 현재 다른 경찰서에서 근무 중이다.

덕진경찰서는 사고가 잇따르자 7월 고사를 지내고 특별교육을 시행하기도 했다."

전주=최ㅇㅇ기자

잠시 고민해보자.

2006년 5월 7일과 6월 4일에 이윤희의 원룸을 방문했던 자에 대해서 신경을 써서 들여다보자.

그가 전북대 관계자이며, 수의학과 출신의 수사 담당 책임자를 잘 알고 있는 자인 데다가 재력까지 있는 자라면 말이다.

이게 불가능한 일일까?

6

갈 곳 잃은 지팡이

"경찰? 캥기는 게 없는데 왜 공개를 못 해? 특검을 거부하는 자가 범인이라는 시대에, 특검을 하자고 해볼까? 그것도 거부할 거야 아마. 도둑놈들이 제발 저리 는 것처럼."

가슴이 먹먹했다. 도저히 어떻게 이 일을 해결해야 할지 몰랐다.

가족 모두는 경찰에 대한 신뢰를 완전히 잃어버렸다.

앞서 말했듯이 2020년 1월 21일 둘째 딸이 전북경찰청을 방문했을 때 공식적인 사과를 요청했지만, 현재까지도 묵묵부답이다.

죄송할 게 없는 것 같다. 이제 와서는 실수한 적이 없다고 주장하니 말이다.

2020년 1월 21일 당시, 둘째 딸은 이윤희 실종사건 관련 수사 기록에 대한 정보공개를 요청했다.

그리고 돌아온 답변은 "열람을 허가한다."라는 것이었다.

2020년 코로나가 가장 기승을 부리고 있던 시기였다.

누가 섣불리 전주까지 다시 가서 열람을 할 수 있었을까? 게다가 80대의 고령에, 여러 수술을 겪으며 쇠약해질 대로 쇠약해진 아내를 두고 내가 갈 수도 없었고, 어린 아들을 두고 내 딸이 갈 수도 없었다.

발만 동동 구를 수밖에 없었던 그때 결국 우리는 코로나가 잠잠해지면 가기로 의견을 모으고 인내하며 지냈다. 그렇다고 아무것도 하지 않은 것은 아니다.

유튜브 방송을 시작했고, 이를 통해서 포렌식 자료의 삭제 등에 대한 사실을 시민들을 대상으로 알려 나가기 시작했다.

SBS〈그것이 알고 싶다〉 방송 이후에도 언론과 미디어에서 수십 차례 다루었으니 실종사건에 관심이 있는 사람이라면 이 사건을 모를 수 없었으리라.

하지만 경찰의 공식적인 해명과 사과는 없었다.

기대하지도 않았지만, 파렴치함이 어느 정도여야 '미안하다'라는 말 한마디 못할지 … 이제는 궁금함을 넘어서 분노로 바뀌어 가고 있었다.

'제발, 이놈의 코로나가 빨리 끝나라!'

마음속으로 이렇게 외치면서, 아내를 향해서도 나는 부르짖고 있었다.

"여보! 조금만 더 버텨! 윤희는 보고 죽어야지!"

"응, 그려! 그래야지."

그래서였을까, 아내가 조금씩 건강을 회복하기 시작했다. 기적에 가까운 일이었다. 아내가 심장 수술을 할 때만 해도, 얼마 못 버틸 것으로 생각했기 때문이었다.

하지만 신앙심으로 버티고 있다는 아내의 말과 함께 나 역시 놀라운 마음으로 아내를 바라볼 수밖엔 없었다.

여전히 부축해주지 않고 휠체어가 없으면 이동이 어렵지만, 삼시 세끼 잘 먹고 버티면서 매일같이 기도하며 이윤희에 대한 이야기를 거르지 않는다.

"내가 아직 버티는 게, 이윤희가 나타날 때가 되어선가 봐."

그런 아내를 바라보면서 나는 이 사건의 진실을 밝힐 수 있는 가능성이 점점 높아지고 있다는 생각이 들었다.

그리고 마침내 코로나가 끝났고 아내의 건강도 이제 거동이 가능할 만큼 좋아졌다.

2023년 12월. 우리는 서둘러 2020년에 요청한 이윤희에 대한 수사기록을 재요청했다.

그리고 곧 도착한 경찰의 답변.

'거부'였다!

1차 거부의 사유는 너무 광범위한 수사기록을 요구함으로써 기록 공개를 특정할 수 없다는 취지였다.

그래서 이번에는 2가지로 나누어 필요한 정보에 한해서 곧바로 2차 요청을 했다.

그리고 돌아온 답변도 역시 '거부'였다.

6. 갈 곳 잃은 지팡이

이번엔 그 이유가 무엇일까?

경찰이 내세운 근거는 정보공개법 제9조 제4호였다.

'진행 중인 재판에 관련된 정보와 범죄의 예방, 수사, 공소의 제기 및 유지, 형의 집행, 교정, 보안처분에 관한 사항으로서 공개될 경우 그 직무수행을 현저히 곤란하게 하거나 형사 피고인의 공정한 재판을 받을 권리를 침해한다고 인정할 만한 상당한 이유가 있는 정보인 경우'라고 하며, 제시한 보충 설명은 이와 맥을 같이 했다.

그저 헛웃음만 나왔다.

아주 명확하게 반론을 제기했고, 이에 대한 행정심판 청구도 진행했다.

이에 대한 답변서라고 온 것도 개그콘서트보다 더 웃긴 내용.

이에 대한 명료한 답변서 겸 재 반박서를 제출했지만, 이에 대한 다른 변명은 아직 없다.

경찰은 왜 정보를 공개하지 않는 것일까?

그것도 2020년에는 가능했던 정보공개가 이제 와서 안 되는 이유는 무엇일까?

무엇이 무섭고 두렵기에, 19년간 해결하지 못하고 있는 사건의 정보를 공개하는 것조차 어렵다고 하는 것일까?

정말 우리가 생각하는 것처럼 이윤희가 사라진 그 근본적인 이유를 함유하고 있어서인가?

이제 나는 범인을 유추해보고자 한다. 아니, 정확히 표현하면 범인일 수 있는 자를 유추해보고자 한다.

그 범주 안에 속해 있는 자 가운데, 과연 경찰이라는 집단이 어떻게 연루 되었을까?

범인은 누구인가?

　먼저 사건의 시발점으로 돌아가서, 하나씩 되짚어보고 가능성이 가장 높은 것들에 대해서 이야기해보자.

　각 가능성이 90%라고 해도 이것이 4가지가 되면 90% × 90% × 90% × 90%가 된다.

　이는 결과적으로 65.6%의 결과 값을 가지고 가게 된다. 이윤희 사건은 이 가능성의 여부를 따져봐야 하는 것들이 상당하다. 그래서 이것들의 총 가능성의 여부는 가장 높은 가능성들의 조합이라 할지라도 50%가 채 되지 않을 것이다. 게다가 널려 있는 정황들을 감안해보면 확률은 더 떨어지게 마련이다.

　하나씩 따져보자. 다시 말하자면, 확률이 높지 않은 뇌피셜이나 '카더라'로 이 사건을 해결하려고 하면 반드시 한계점에 도달한다는 것이다.

　추리는 자유이다. 하지만 자신의 추리가 꼭 "옳아야만 한다"고 생각하고 모든 사안을 거기에 끼워 맞추고, 실제 사실 관계마저 자신의 추리를 위해서 부정해 버리면 안 된다고 본다. 그거야말로 소설이 되니 말이다.

이윤희는 옷을 갈아입지 않고 누군가를 기다렸다

이는 매우 중요한 단서이다. 29년을 곁에서 바라본 이윤희는 결코 집에 들어와서 옷을 갈아입지 않고 시간을 보내고 있어 본 적이 없는 아이다.

이윤희가 옷을 갈아입지 않았다는 것은, 이윤희가 원피스 차림으로 기다렸다는 것이고, 이는 결국 갖춰 입은 옷차림으로 기다렸어야 했다는 점이다.

여기서 우리는 하나의 그룹을 용의선상에서 배제할 수 있을 것 같다. (물론 직접 범행의 용의선상일 뿐, 간접적인 동조자 혹은 공범의 범주까지라고는 할 수 없다) 바로 이윤희의 친구들이 속한 그룹이다.

여기서는 K군, S군, L군 등의 군은 제외될 수 있을 것으로 보인다. 그들을 기다리기 위해서 옷을 갈아입지 않았을 이윤희가 아니기 때문이다. 행여나 약속을 했다 하더라도, 이윤희가 원피스 차림을 보여줘야 할 만한 사람 중에 친구들을 올려 두긴 어렵다.

하지만 다른 한편으로, 이들 가운데 이윤희가 좋아했던 누군가가 있다면 이야기는 달라진다. 자신이 좋아하는 누군가와 사전에 약속을 했고, 어딘가 잠시라도 나가기로 했다면 말이다.

그 새벽 시간에 어딜 갈까 싶기도 하지만, 이윤희에게 시간은 그다지 중요하지 않았다. 이윤희의 컴퓨터 사용기록은 새벽을 가리지 않았으니 말이다.

결국, 그 누구도 용의선상에 오를 수 있지만, 그 선택은 이윤희가 그 상대자를 향하는 마음이었을 것이라고 봐야 한다.

차량이 필요했고, 차량으로 움직였다

차량으로 움직이지 않았다면, 참으로 어려운 실종의 조건이다. 걸어서 어디론가 갈 생각이었다면, 어떻게든 대로변으로 나왔을 것이고, 이는 결국 택시 등 외부 요인에 의해서 이동이 되어야 하는데, 어떠한 목격자도 없다.

그런데 여기서 우리는 중요한 목격자가 있었던 사실을 짚고 넘어가야 할 것이다.

이윤희 실종사건의 수사를 담당했던 김○○ 형사에게 어느 날 목격자가 정말 아무도 없었냐고 물었다. 의외로 그는 이렇게 답변했다.

"목격자가 있었어요. 실종 추정 시간에 어느 여자를 남자가 차에 태워서 가는 것을 봤다는 것이었죠."

"강압적으로 여자를 차에 태웠다던가요?"

손사래를 치면서 말을 이어가는 김도봉 형사.

"아니, 아니요. 에스코트를 딱 하면서 여자를 태웠다던대요?"

그래서 어찌 되었는지 물었지만, 특별한 게 없어서 더 이상 조사할 수 없었다고 했다.

과연 이 목격자의 목격담이 이윤희와 어떤 남자의 경우라면 어찌 되었을까?

이유야 어찌 되었든, 이윤희가 제 발로 원룸에서 나온 것이 사실이라면 누군가와 함께 차량으로 이동했을 것임은 자명해 보인다.

그렇다면 여기서 또다시 제외되는 그룹이 있다. 바로 종강 파티에 참석한 자들이다.

우선 종강 파티 참석자들 가운데 음주를 하지 않은 사람은 없었다. 그리고 함께 참석한 교수 2명 역시 음주 후에 택시를 이용해서 집으로 갔었다고 했고, 이들의 알리바이와 거짓말 탐지기 조사에서는 진실 반응이 나왔다. 물론 당시에는 음주운전이 비일비재했었지만 말이다.

이 두 가지 사실만 집중해봐도, 이윤희의 실종사건에 직접적으로 개입된 범인은 상당히 많이 추려진다.

2006년 6월 8일, 이윤희의 원룸을 침입한 자

6월 8일 오후 2시 18분부터 6시 5분까지 이윤희의 컴퓨터를 사용했어야만 했던 자, 그리고 그것을 통해서 최소한 네이트온의 기록을 삭제했어야 하는 자가 범인일 확률이 높다.

그렇다면 이자는 6월 8일 이윤희의 원룸에서 어떤 일들이 일어나고 있는지를 알고 있는 자이거나, 원룸 주변에서 원룸의 상황을 면밀히 바라보고 있던 자여야 했다.

그렇다면 이윤희가 실종되었다는 사실과 함께 친구들이 원룸에 들어갔다 나왔다는 정보를 알 수 있는 자는 누구인가?

우선 친구 4명이다. 그러나 이들은 이미 첫 번째와 두 번째 그룹에 포함된 자들이다. 물론 예외적일 수도 있지만 말이다.

그렇다면, 위의 이윤희의 실종 사실을 아는 자는 누구인가?

덕진경찰서의 경찰이다.

그들은 실종신고를 접수 받았고, 이와 관련된 내용을 확인해 볼 수 있는 자들이다.

그리고 학교 당국자이다. 이미 이윤희가 학교에 나오지 않고 있다는 사실과 원룸을 개방해서 들어가 봤다는 사실 등이 친구들을 통해서 알려졌을 가능성이 높다.

이들 가운데 범인이 있다면, 모든 신경이 이윤희 원룸에 쏠려 있었을 것이다. 그렇지 않은가?

이윤희 컴퓨터의 기록을 삭제한 자

이윤희 컴퓨터의 기록을 삭제하기 위해서는 상당한 시간이 소요된다. 한두 가지의 포렌식 자료가 아니라, 무려 10가지의 자료를 삭제하기 위해서는 복구 프로그램을 여러 차례 돌려가며 시행했어야 하고, 이를 다시 안티 포렌식 프로그램을 통해서 삭제를 진행했어야 한다. 그 정도의 시간을 확보하기 위해서는 6월 8일의 침입자가 사용한 3시간 47분보다 더 많은 시간이 필요했다. (그래서 나는 이 침입자가 당시에는 오직 네이트온 삭제에만 혈안이었다고 생각한다)

언제 그런 일을 할 수 있을까

나는 앞서 2006년 6월 13일 오후 7시 9분의 접속을 다시 언급하지 않을 수 없다.

다음 날 오후 2시에 사이버수사대에 인계되기까지는 약 18시간, 아니 다음 날 경찰들 출근하는 시간인 오전 9시까지만 봐도 무려 14시간이 확보되는 절호의 기회였지 않겠는가?

물론 앞서 이야기한 2006년 5월 7일과 6월 4일 방문자의 연관성도 반드시 고려해야 할 대상이다.

위 4가지의 특징을 감안하기에 앞서 두 차례 방문한 자를 살펴봐야 한다.

그 동일성 여부도 반드시 따져볼 필요는 있다.

그러지 않으면 이 사건의 실마리를 풀기에 어려움이 있을 것

6. 갈 곳 잃은 지팡이

이다. 6월 6일의 목격자가 명확하게 나타나지 않는 이상 말이다.

아이러니하게도, 우리는 지난 2020년 대전에 사는 한 목격자를 만날 기회가 있었다. 그는 2006년 당시 동계올림픽 종목의 선수였으며, 전북대 인근의 전주대 재학생이었다.

그의 제보는 무척이나 신빙성이 높아 보였다. 그래서 그에게 최면 조사를 제안했고, 그는 흔쾌히 받아들였다.

최면 조사에 따르면, 그는 남자 선배 한 명, 여자 선배 한 명 등 두 명과 함께 전북대 인근에서 술을 마신 후 이동을 했다고 한다. 그 여자 후배가 바로 이윤희가 살던 그 원룸 4층에 살았다는 것이다.

그렇게 이윤희가 있는 원룸으로 이동했던 그는 여자 후배를 원룸 건물 내부까지 데려다 주려는 남자 선배를 원룸 밖에서 기다리며 담배를 피고 있었다고 한다. 그러다 원룸 안에서 여자의 목소리가 좀 크게 들려, 혹시나 자신의 남자 선배와 여자 후배가 다투는 줄 알고 서둘러 원룸 안으로 올라가다가 이윤희로 보이는 여성과 K군으로 보이는 남성을 목격했다는 것이다. K군으로 보이는 남자와 이윤희로 보이 두 남녀는, 3층 이윤희가 거주했던 원룸의 계단 옆 방에서 현관문 하나를 사이에 두고, K군으로 보이는 남자는 원룸의 문 밖에서, 윤희로 보이는 여성은 문 앞에서 상체만 빼꼼히 밖으로 낸 채 둘이서 이야기를 하고 있었다는 것이다.

술이 조금 취한 목격자의 선배는 여자 후배와 대화가 잘 안 풀렸는지 좀 화가 난 상태로 4층에서 내려오다 3층에서 서 있던 K군으로 보이는 남자가 들고 있던 케이크를 가로채 계단 밖으로 던져버렸다고 한다. 그러고는 내려와서는 화가 덜 풀렸는지, 원룸 앞에 주차되어 있던 빨간색 티뷰론 차량의 사이드미러를 발로 차버렸고, 사이드미러가 부서지자 그는 남자 선배와 둘이서 전주대 방면으로 도망치듯이 걸어갔다는 것이다.

목격 내용 등이 제법 구체적이었지만, 아쉽게도 그 이상의 진전은 없었다.

그런데 이 목격자에 대한 경찰의 수사가 있었다고 한다. 몇 년을 연락 한번 하지 않던 경찰이 연락을 해서는 한다는 소리.

"저희가 이 목격자란 사람 조사해봤는데요, 별게 없어요. 그리고 이 사람 사기꾼 같은 사람이에요. 조심하세요."

이게 무슨 소리인가?

밑도 끝도 없다. 경찰은 수사를 하고 나면 늘 하는 소리가 "별게 없다"였다. 그 별게가 뭔지는 단 한 번도 이야기해주지 않는다.

예를 들어, 이 사람이 목격한 날이 2006년 6월 6일이 아니라던지, 최면 조사를 한 사람에게 확인하니 최면이 제대로 안 된 것일 수도 있다든지, 확인해보니 그게 윤희의 원룸이 아니었다든지 하는 게 아니라. 그저 "별게 없다"?

6. 갈 곳 잃은 지팡이

그러고선 그 목격자의 신상을 털었다.

그자가 사기꾼이든 살인범이든 무슨 상관이겠냐마는, 자기 사비 들여서 전주까지 와서 최면 조사를 받는 사람이 과연 얼마나 될까?

경찰이 조사랍시고 한 시점이 우리가 그의 최면 조사를 했던 2020년에서 무려 3년이 지난 2023년이라고 하니 어처구니가 없을 뿐이다.

그 모든 이야기를 여기에 다 담긴 어렵지만, 아쉬웠던 것은 그가 목격한 시간대가 정확히 언제였는가 하는 부분이다.

어찌 되었든, 범인을 유추하는 데 있어 위 4가지에 앞선 두 차례의 방문 등을 고려해보면, 분명해지는 것이 있다.

그렇다. 최소한 경찰을 움직일 수 있는 누군가이거나 경찰일 가능성이 아니겠는가?

이러한 의구심에 부채질을 하는 것 또한 경찰이었다. 그들은 정보를 공개하지도 않았고, 지금까지도 이런 중대한 증거를 인멸한 사실을 인정조차 하지 않고 있다.

실종자의 가족은 매일 같이 잃어버린 가족이 느닷없이 떠올라 힘들다. 밥을 먹다가도 목이 메고, 물을 마시다가도 목이 메고, 티브이를 보다가도 목이 멘다. 실종이냐 아니냐를 떠나, 누군가가 이유 없이 죽거나, 다치거나, 해를 입어도 그게 내 일이 된다.

그런데 그 일을 해결하라고 있는 자들이 이제는 나에게 적이 되기 시작했다면 이야기는 달라지지 않는가?

6. 갈 곳 잃은 지팡이

올해, 2024년. 나이가 여든일곱인 내가 이제 얼마나 더 내 막내딸을 찾는 일을 할 수 있을까.

이윤희 컴퓨터의 내용을 지운 자가 범인이라는 확신 속에서도, 행여나 그가 범인이 아니라면 어쩌나라는 또 다른 불안감 속에서 살고 있기도 한 게 실종자이자 자식들을 키운 아비로서의 심정이다.

내 자식 귀한 만큼 남의 자식도 귀하다고, 애먼 남의 자식을 내가 왜 고소를 하려 하겠는가.

그들이 잘못되라는 것이 아니라, 사실과 진실을 말해달라는 것이다.

2024년 2월과 4월, 나는 결국 경찰을 상대로 2건의 고소를 진행할 수밖엔 없었다.

진실을 찾아내고자 하는 힘없는 노인이 할 수 있는 일이 무엇

2024년 3월 16일 전국 투어 홍보전을 할 때.

이 있겠는가.

    고소를 하고, 이 나이에 전국을 돌며 또다시 이윤희 사건을 알리는 일을 시작할 수밖에 없었다.

    내가 외치는 이야기는, "경찰을 벌해달라!"가 아니다.

    "이윤희 실종의 진실을 알고자 하는 것"이다.

    그러기 위해서는 눈에 보이고 드러난 실제 사실관계에 대해 확인부터 해야 하지 않겠는가?

    이윤희의 컴퓨터는 무려 10군데가 넘는 곳이 처참하게 난도질당했다. 마치 '너희는 결코 이윤희를 찾을 수 없다'라고 하는 듯, 이윤희의 실종과 가장 밀접한 연관이 있을 시기가 무참히 지

    6. 갈 곳 잃은 지팡이

워진 것이다.

그럼에도 불구하고 경찰은 묵묵부답이다. 아니 이제는 대놓고 피해자이자 실종자 가족에게 손가락질이다.

또 재수사, 방향 잃은 거짓 수사

2024년 2월 16일 경찰에 대한 1차 고소를 기점으로 전북경찰청은 재수사하겠다며 다시 아우성을 치기 시작했다.

재수사하는 이유가 참 궁금하다. 뭘 위해서 재수사를 하는 것일까?

자신들이 지운 이윤희 컴퓨터 기록에 대한 수사를 하는 것일까? 내 눈에는 그리 보이지 않는다.

재수사를 빌미로 자신들이 정보공개를 거부한 것을 이어 가기 위한 수작에 불과해 보인다.

수사를 진행했다는 몇 달이 지났는데도, 어찌 실종자 가족에게 수사의 방향과 진행 상황에 대해서 일언반구가 없을까?

이제 있다고 해도 서면으로 받고 일체의 대면 접촉은 내가 거부할 예정이다. 해봐야 소용없음을 안다. 그저 자신들의 체면치레나 하고자 할 뿐.

2024년 6월, 내가 KBS 모 시사 프로그램을 녹화하기 위해서 방문했을 때, 그 프로그램의 출연자 중 한 분이 이렇게 말했다.

"전북청장, 아니 못해도 수사 담당 과장이 자료 다 펼쳐놓고 가족에게 이야기해주면 될 일인데, 그걸 안 하는 이유를 모르겠네요."

아마도 이 글을 읽은 독자분들도 같은 생각이지 않을까 한다.

2024년 2월 16일에 한, 증거인멸과 관련한 고소에 대해서는 검/경 수사권 조정으로 전주지방검찰청을 거쳐 현재 전주 완산서에서 수사 중에 있다.

경찰이 경찰을 수사하는 것이다. 그것도 자신의 상급 기관인 경찰청을 말이다.

여러분은 어떻게 생각하시는가? 이게 과연 제대로 수사가 진행된다고 생각하시는가?

수사의 내용을 들여다보면, 가관이다.

2024년 6월 현재까지도, 고소인인 나와 내가 제출한 자료에 대해서만 조사하고 있다. 피고소인은 여전히 특정하지 않고 있고, 조사도 이루어지지 않고 있다. 어떻게 하면 고소 건을 불기소 처리해서 경찰청에 위신을 세워줄까 고민하고 있는 것처럼 보인다.

수사기록을 다 받았다고 했다가, 일부만 받았다고 하는 등 필요한 수사가 무엇인지조차 갈피를 못 잡는다.

그러나 불기소처분으로 수사를 종결한다고 해서, 그대로 끝날 소냐.

경찰에게 말한다. 처음부터 제대로 하지 않으면, 제대로 하지 않은 책임을 반드시 지게 하겠다고 말이다.

이윤희를 아시나요?

2009년 6월 6일이었던 것으로 기억한다.

당시 네이버의 이윤희 실종사건 카페를 만든 이후에 실종 3년 차를 맞아 그곳 운영진들과 몇몇 시민분들과 함께 전주 전북대 인근에서 전단지를 돌리며 사건을 재차 알리는 활동을 오프라인을 통해서 한 바 있다.

그로부터 15년이라는 시간이 흘렀다.

세상도 많이 변했고, 특히나 온라인 활동이 뚜렷하게 많아진 것은 사실이다.

각종 SNS와 유튜브가 대세가 된 지금, 실종사건을 알리는 방법에 있어서도 변화가 절실했다.

그렇게 유튜브 채널을 재정비하고, 온라인으로의 연계를 위한 오프라인 홍보전을 이어가게 되었다.

이윤희가 실종된 지 18년, 19년 차가 되는 시점에서 이윤희가

6. 갈 곳 잃은 지팡이

실종될 당시에 태어나거나 갓난아기였던 아이들이 이제 전북대학생으로 윤희의 후배가 되었고, 그 당시에 대학을 다니던 학생들은 이제 40대로 대한민국 경제, 사회, 문화 분야의 중추가 되었다.

오로지 나에겐 이윤희만 없는 날들이 계속되는 것이었다.

강원도 철원에서 농사일을 하는 내가 겨울이 되어 휴지기를 맞이할 때면, 가끔씩 집 앞을 지나가는 차를 볼 수 있다.

그 안에는 가족끼리 공기 좋은 강원도 철원에 나들이를 오는 사람들이 많은 수를 차지한다.

그러던 어느날, 작은 차를 타고 나들이를 온 평범하고 단란한 어느 가족의 광경에 나는 뜬금없는 설움이 폭발했다. 지난 18년 넘게 누려보지 못한 모습을 보아서 그랬을까.

그리고 지나가는 그 차를 향해서 이렇게 속으로 외쳤다.

"저기요 … 이윤희를 아시나요?"

그렇게 단순하고도 나와 내 가족의 윤희에 대한 모든 감정이 담겨 있는 이 한 줄의 질문을 가지고 세상으로 나가기로 했다.

전국의 홍보전을 진행하면서, 함께 울어주고 다독여주는 사람들로부터 그들이 나에겐 이윤희로, 그들에겐 내가 이윤희가 되었다.

7

다시 찾는
'희망'

"이윤희, 반드시 찾을 거야. 그건 그냥 이윤희만 찾는 수준이 아니야. 대한민국 모든 실종자에게 주는 희망이기도 한 거지."

이젠 '이윤희법'이다

이 책을 읽으시는 독자분들께 우선 감사 인사를 전한다.

그런데 이 책의 제목처럼 '이윤희를 아시나요?'라는 질문은 오직 이윤희만의 질문이 아니었다.

대한민국 성인 여성 실종의 대명사가 되어버린 그 이름 이윤희를 이제는 올바르게 사용해야 할 때가 되었다고 생각했다.

이윤희를 반드시 찾겠다는 나의 생각에는 한치의 변함이 없다. 그리고 이윤희를 찾는 것은 이제 이윤희라는 여성 한 명을 찾는 것으로부터 더 나아가야 한다. 앞으로는 실종자에 대한 부실한 초동수사로 인해 중요한 증거가 인멸되고, 나아가 은폐되는 일들은 없어야 된다고 생각한다.

매년 1~2만 명의 성인 실종 신고가 이루어진다고 한다. 이 중에 천 명 정도는 싸늘한 시신으로 가족의 품으로 돌아가거나 여전히 실종자로 남게 된다고 한다. 이들 대부분이 실종 골든타임이라고 하는 48시간 이내에 주검이 된다고 한다.

경찰의 안이한 대처도 문제지만, 성인 실종에 대한 법안이 국회의 문턱을 제대로 넘지 못하고 있는 문제도 함께 들여다봐야 하지 않겠는가.

성인 실종법은 지난 2019년부터 매년 국회에서 발의되고 있지만, 입법의 문을 넘지 못했다.

이전에 발의되었던 법안의 내용은 대략 이렇다.

가. 실종 성인에 대한 신속한 신고 및 발견 체계를 마련하여 실종자의 조속한 발견과 복귀를 도모함(안 제1조).

나. 실종 성인을 소재(所在) 또는 생사(生死)를 알지 못하고 심신미약 등 비자발적인 원인에 의하여 귀가(歸家)하지 못하는 것으로 의심할 만한 상당한 이유가 있는 실종 당시 18세 이상인 사람(「장애인복지법」 제2조의 장애인 중 지적장애인, 자폐성장애인 또는 정신장애인과 「치매관리법」 제2조 제2호의 치매 환자는 제외한다)으로 정의함(안 제2조 제1호).

다. 경찰청장이 실종 성인에 대한 신고체계의 구축 및 운영, 실종 성인 관련 정책 수립 및 시행 등을 시행하도록 함(안 제3조).

라. 경찰청장이 실종 성인에 대한 신속한 신고 및 발견 체계를 갖추기 위한 정보시스템을 구축·운영하도록 함(안 제5조).

마. 경찰관서의 장은 실종 성인의 발생 신고를 접수하면 지체

없이 수색 또는 수사의 시행 여부를 결정하여야 하고, 필요한 경우 위치정보사업자 등에게 실종 성인의 개인위치정보 등을 요청할 수 있으며, 요청을 받은 위치정보사업자 등은 정당한 사유가 없으면 그 요청을 거부할 수 없도록 함(안 제6조).

바. 경찰청장은 실종 성인의 발견을 위하여 필요한 때에는 관계인에 대하여 필요한 보고 또는 자료 제출을 명령할 수 있고, 소속 공무원으로 하여금 관계 장소에 출입하여 필요한 조사 또는 질문을 하게 할 수 있도록 함(안 제7조).

사. 경찰청장은 실종 성인의 발견을 위하여 필요한 때에는 중앙행정기관의 장 등에게 실종 성인의 신용카드 사용명세 등의 정보를 요청할 수 있으며, 요청을 받은 자는 정당한 사유가 없으면 그 요청을 거부할 수 없도록 함(안 제8조).

아. 경찰청장이 실종 성인을 발견한 때에는 발견된 실종 성인의 동의를 받아 실종신고를 한 자에게 통보하고, 발견된 실종 성인이 동의하지 아니하는 경우에는 실종신고를 한 자에게 실종 성인의 소재를 확인할 수 있는 사항을 알려주지 아니하도록 함(안 제9조).

자. 경찰청장은 실종 성인의 발견을 위하여 보호시설의 입소자나 실종 성인을 찾고자 하는 가족으로부터 유전자 검사대상물을 채취할 수 있도록 함(안 제10조).

차. 경찰청장은 관계 중앙행정기관의 장 또는 지방자치단체의

장에게 필요한 협조를 요청할 수 있도록 함(안 제15조).

나는 법 전문가는 아니다.

하지만 지금까지의 법 조항에 대해서 살펴보면 조금은 맹점이 있어 보인다.

요즘 내가 매몰되어 있는 것은 실종법 관련한 법률적, 행정적사항에 대한 공부이다.

내가 이야기하고자 하는 이윤희법은 다음과 같다. 물론 이는전문가분들이 수많은 고민 끝에 만드신 위 법안들의 내용에 대실종자 입장에서의 첨언이라고 해두면 좋겠다.

이윤희법의 범위

이윤희법은 모든 성인 실종자를 대상으로 하지 않고, 여성과노약자를 대상으로 한다. 여기서 노약자는 70세 이상의 노인과장애인 등급을 가진 사회적 약자를 지칭한다.

남성의 경우에는 그 범위와 실종으로 가늠하기 어려운 면이여성보다는 더 크게 존재한다고 본다. 사회적으로 남자가 며칠사라진 것과 여자가 며칠 사라진 것은 그 범죄 피해 대상의 범위에 있어 확연한 차이가 있지 않을까?

그리고 남성까지 포함시키는 것은 향후의 추가 입법을 통해서 실현하는 것이 옳다고 본다. 왜냐하면 현재의 여성과 노약자를 대상으로 한 입법에 대해서만으로도 상당한 사회적, 경제적, 정치적 고려점이 많고 특히 예산 편성에 있어서 상당한 부담이 작용하기 때문이다.

이렇게 생각하자.

침몰하는 배의 승객들을 구명보트에 태우는 순서라고 말이다. 아이, 노인, 여성의 순이니 남성에 대한 입법은 이들의 사회적 실종에 대한 보장이 되었을 때 한 걸음 더 나아가기 위한 추가 입법을 통해서 실현되는 것이 맞지 않을까 본다. 물론 개인적인 생각이지만 말이다.

이윤희법의 개요

현재 일반적으로 실종자의 골든타임은 실종 추정 시간 이후 48시간이라고 한다. 48시간 이내에 경찰이 실종신고(가출신고)를 접수한 이후부터 해야 할 프로토콜(Protocol)을 적시하여 이를 반드시 수행하도록 하는 것을 말한다. 또한 48시간 이후에는 실종사건의 범죄 연루로 즉시 전환 취급하고, 이에 대한 형사적 수사를 진행함을 의미한다.

또한 실종자 가족에 대한 법률적, 행정적, 의료적 지원의 폭을 넓혀, 국가 시스템이 실종에 미친 영향을 단계별로 나누어, 그 재정적 지원을 충분히 하는 것이다.

7. 다시 찾는 '희망'

한마디로, 실종자를 찾기 위해 들이는 비용의 분배, 분담 혹은 지원을 말한다.

이윤희법의 목적

한 해 1만여 명이 실종되고, 이들 가운데 1천여 명은 가족의 품으로 돌아오지 못하고 있다.

그렇게 돌아오지 못한 실종자는 지속적으로 늘어 20만 명이 넘어선 지 오래다.

실종자 가족의 시선에서 이들에 대한 국가적 지원 방향을 찾고 이를 법제화해 대한민국 국민 누구라도 가족을 잃은 슬픔을 스스로 감내하는 일이 없도록 해야 한다.

이윤희법의 전개

1) 현재 성인 실종의 수사 처리 현황과 문제점
2) 법안 검토
3) 법안 보안 (예산 포함)
   A. 행정적 보안 I : 경찰/민원실 등의 공무원 충원 문제
   B. 행정적 보안 II : 실종자 발생 시 지하철, 버스, 택시 등의 대중교통과 TV의 팝업 등의 지원
   C. 의료적 보안 : 실종자의 트라우마 등에 대한 정신과적 지원 문제
   D. 사회적 보안 (시민단체 설립 지원 등) : 전국 실종사건을 취합하고

이에 대한 개별 수사 현황을 모니터링하는 단체 설립

E. 법률적 보안 : 실종사건 발생 시 해당 사건의 형사사건 전환 시
에 수사 및 조사를 위한 전담 국선 변호인 등의 지원

F. 재정적 보안 : 실종자 찾기를 위한 필요 홍보물 제작 지원

4) 법안 심의 ⇨ 발의 ⇨ 통과 ⇨ 시행

이 책은 '이윤희를 아시나요?'로 쓰이고, '실종자를 찾습니다'
로 읽혀야 한다.

그러기 위해서는 성인 실종, 특히 성인 여성과 노인 실종에 대
한 대안을 제시하는 제대로 된 법, 일명 "이윤희법"을 제정해야
할 것이다.

18년간의 싸움.

19년째의 싸움.

이제 이윤희를 반드시 찾겠다는 의지는 공권력에 대한 도전을 넘어서, 사회에 대한 문제의식을 높이기 위해서도 필요한 일이 되었다.

이윤희는 이제 47세가 되었다.

하지만 여전히 가족들의 마음속에선 29세의 푸릇한 젊은 아이로 기억되고 있을 뿐이다.

모두가 가족이 서로 늙어가는 모습을 보며 살아간다.

하지만 내 가족을 포함한 실종자 가족들은 늘 멈춰져 있는 시간 속에 한 사람을 가슴에 새기며 산다.

그렇게 새겨진 내 막내딸은 여전히 어디선가 "아빠!" 하고 달려올 것 같다.

아직 끝나지 않았다. 여전히, 그리고 매일 나는 새로운 시작을 한다. 그렇게 하루를 보내고, 내 막내딸이 잠들었던 침대에서 오늘도 하루를 정리하고, 새로운 내일의 시작을 준비한다.

이 글을 적었을 때 내 나이가 여든일곱임을 기억한다.

그리고 이 책이 여러분의 손에서 읽히고 사건이 기억될 때 꼭 한 가지 함께 기억해주길 바라는 게 있다.

나는 내 나이 60대의 막바지인 예순아홉에 막내딸을 잃어버렸다. 그리고 70대의 모두를 내 딸을 찾는 데 바쳤고, 80대의 모두를 또한 내 딸을 찾는 데 바쳐오고 있다.

그 사이에 내 남은 두 딸은 이제 50대가 되어 30대 때보다 더 든든한 심리적, 경제적 지원군이 되었고, 아들은 스스로 부모 지킴이가 되어 떡하니 우리 뒤에서 버텨주고 있다.

이제 곧 90이 될 것이고, 나는 여느 때와 다름없이 내 딸을 찾을 것이다.

하지만, 그 방법이 단순하게 전단지만 뿌려대는 것은 아닐 것임을 미리 밝혀두고 싶다.

대한민국의 모든 정치, 경제, 사회, 문화에 내 이 한 서린 절규와 내 딸, 세포 하나하나를 바쳐, 이 납득하기 어렵고 존재가치가 없는 세상의 구조를 바꾸기 위해 싸울 것이다.

나는 이윤희의 아버지다.

그리고 나는 대한민국의 모든 성인 여성 실종자들의 아버지 이자, 그들 가족의 형제이다.

　이윤희, 반드시 찾을 것이다.

　그리고 남아 있는 대한민국의 모든 실종자를 다 찾기 위한 지킴이, 버팀목, 그리고 내 스스로 아이콘이 되겠다.

여러분, 이윤희를 아시나요?

부록

"지난 18년 가운데 희망은 며칠이 안 되었던 거 같아. 대부분이 절망 속이라 생각했지. 그땐 희망이 희망인 줄도 모르고 당연한 거라 생각했지. 그리고 이젠 절망 속에 산다고 생각 안 해. 그래봐야 나만 손해지. 아무렴. 윤희? 꼭 찾을 거야, 염려 마!"

K군은 누구인가?

　K군은 이윤희가 나타난 2003년부터 3년 넘도록 이윤희만을 쫓아다니던 동기생이다.

　사실 그는 이윤희가 나타나기 전엔 M양을 좋아했었다. 그렇다. 종강 파티가 끝날 때 자신을 바래다달라고 해서, S군의 전화기로 전화까지 걸었던 바로 그 M양이다.

　하지만 이윤희가 본과 1학년(학과 3학년•)에 나타나자마자 여자가 고무신을 거꾸로 신듯이 신발을 거꾸로 신은 셈.

　젊은 남녀 간의 관계라는 것이 그럴 수도 있다고 하지만, 부모의 입장에서 바라보면, 하여튼 K군은 이윤희를 그 정도로 좋아했다고 할 수 있다.

　K군에 대한 에피소드는 매우 많은 편이다. 몇 가지 생각나는 것만 적어본다. 물론 이 이야기들은 독자 여러분이 보고 판단해볼 문제이다.

● 　참고로 전북대 수의학과는 총 6년 과정이다. 이윤희는 당시 3학년으로 편입했다.

동전 투척

K군이 이윤희를 진심으로 좋아한 것은 사실이다. 당시 과 친구들 모두가 인지하고, 인정했을 것이다. 이윤희의 옆자리는 늘 K군의 차지였다. 하지만 이윤희는 그런 K군이 늘 달갑지만은 않았다.

앞선 글에도 있듯이, K군은 이윤희의 언니에게 쪽지를 보내 이윤희와 결혼하고 싶다는 이야기를 서슴없이 했고, 그 방법을 가족인 언니에게 묻기까지 했다.

그런 사실을 전해 들은 이윤희는 어떤 생각이었을까? 당연히 K군에게 넘어서는 안 될 선이 있음을 알려주고 싶었던 모양이다.

"난 부잣집에 시집갈 거야"

K군 들으라고 한 농담이었지만, K군은 이를 마음속에 품고 있었다.

이윤희가 지내던 원룸(실종 원룸 이전에 살던)에 길가 쪽으로 창문이 하나 나 있었는데, 누가 창문으로 뭘 던지는 소리가 들렸다. 그 소리는 돌멩이도 아닌, 동전이었다. 그렇다. K군이었다.

부잣집에 시집가겠다는 이윤희에게, 동전을 창문에 던지며 소심한 복수를 한 것이다.

그것도 그 노 교수가 그걸 봤다는 것이다.

"자넨 돈이 많나 보구만, 돈을 여기에 뿌리고 다니니 말일세."

꽃다발 선물

6월 8일 친구들이 원룸에 들어왔을 때, S양은 원룸 방바닥에 꽃다발이 떨어져 있었다고 했다.

사실 그건 꽃다발이라고 하기엔 그렇고, 작은 들꽃들을 꺾은 것으로, K군이 이윤희에게 가져다준 것이다. 평소 꽃을 좋아한 윤희이기에 돈도 들지 않는 그런 자그마한 선물에는 부담이 없었던 것인지, K의 그런 꽃다발을 원룸 벽에 걸어서 말려두었다. 화장대를 기준으로 양쪽에다가.

이 가운데 하나가 떨어져 있었던 것이다.

이윤희의 성격과 K군과의 관계가 일부 드러나는 것인데, K군이 이윤희에게 장미나 프리지어 같은 꽃을 선물하지 못했을 리가 없지 않은가? 그럼에도 집 안 어디에도 그런 꽃들은 없다.

그런 꽃 선물에 대한 부담감이 윤희에겐 있었을 텐데, 그걸 잘 아는 K군은 그런 부담스러운 꽃보단 들에 피는 꽃들을 꺾어서 선물을 했다는 점이다.

어찌 보면, 쉽게 사고 구할 수 있는 꽃집의 꽃보다 더 큰 정성을 들였다고 할 수 있겠다.

K의 수첩

K군의 수첩 이야기는 2008년 방영된 tvN의 〈리얼스토리 묘〉에서 크게 회자되었다.

당시 이윤희에 대한 메모가 담겨 있는 K군의 수첩을 이윤희의 언니가 K군의 집에 가서 발견했다.

그 수첩에는 그날그날 윤희의 기분 상태와 액세서리, 화장 관련한 내용과 옷 주름에 바지의 박음질 상태와 같은 소상한, 어찌 보면 대단한 관찰력이 아닌 다음에야 적기가 어려운 내용들이 적혀 있었다.

더 충격적인 것은, 세간에 널리 알려진 '이윤희 머리카락 보관'이었다.

도대체 어떻게 구했는지는 모르겠지만, 이윤희의 머리카락을 수첩에 아주 소중하게 보관하고 있었다는 것이다.

이윤희의 언니는 놀란 나머지, K군의 집을 방문했을 때 그 수첩을 들고나와 버렸고, 곧장 경찰에다가 알려줬다.

그것이 스토킹을 특정할 단서가 되지는 않았지만, 이윤희에 대한 K군의 과도한 애정은 일반 상식으로는 납득하기가 힘든 수준인 것만은 분명해 보인다.

더욱 아이러니한 것은, 그런 수첩을 K군이 보유하고 있다고 알려준 것이 S군이었다.

6월 6일부터 이윤희가 없는 줄 알았다

앞선 이야기에서 이미 언급했지만, K군은 6월 8일 이윤희의 원룸에 다른 친구들과 함께 가기 전에 이미 6월 7일에도 이윤희의 원룸에 와 봤었다.

그리고 그 전에 K군은 K양에게 전화를 걸어, 이윤희와 함께 있는지 여부를 확인했고, K양으로부터 핀잔 어린 소리까지 듣는다. 그리고 곧바로 L군에게 전화도 걸어 이윤희가 중고폰을 받아 가지 않은 사실도 알게 되었다.

그렇게 좋아하는 여인이 그렇다면 원룸에 있다는 소리인데 … 그의 행동은 이윤희의 원룸에 찾아가 보는 것이어야 하지 않을까?

그런 그는 6월 8일이 되어 윤희 원룸에 가보자는 다른 친구의 말에 수동적으로 이끌려 나가기 전까지는, 이윤희가 없어졌다는 이야기를 꺼내지 않는다.

이윤희의 원룸 좌측에 있는 원룸 3층에 가면, 이윤희의 방을 들여다볼 수 있는데, S군은 이런 식으로 6월 7일에 확인했다고 했다.

아마도 K는 이윤희에 대해 궁금함을 못 이겨 이런 행위를 6월 6일에도 하지 않았을까? 그리고 사흘이 지나기 전에 안달이 났을 K군이, K양이건 누구에게라도 이윤희가 6일부터 안 보인다고 이야기했어야 하지 않았을까?

앞선 글에도 있지만, 1차 종강 파티장(삼겹살)에서 나오는 길에 이윤희를 데리러 왔던 K군의 전화를 빌려 이윤희가 언니에게 전화했으니 그 전화번호가 남아 있었을 것이고, 당연히 언니에게 전화해서 물어볼 수도 있지 않았을까?

쪽지까지 보낸 부끄러움 때문에 그러지 못했던 것일까?

찻상과 관련된 일화

내가 이윤희가 쓰던 찻상을 발견한 것은 6월 6일로부터 딱 일
주일이 지난 6월 13일이었다.

찻상을 발견 후 이윤희 원룸으로 가지고 들어와 방 한 켠에 갖
다두고 나서, 찻상이 없어졌었고, 이것이 폐가구 수거 공간에서
발견되었다는 사실에 대해서 윤희 친구들이 어떤 반응을 보일지
궁금해서 각각 물어본 적이 있었다.

그때 K군의 첫 마디를 잊을 수가 없다.

"그게 지금 어디 있는데요?"

나는 "윤희 찻상 있잖아?" 하며 말문을 열었다.

그리고 그가 대답이 없이 머뭇거리자 재차 물었다.

"아, 왜 너랑 족발도 시켜먹고 했다는 그 찻상 말이야."

그랬더니 느닷없이 저렇게 대답하는 것이다. 경찰에 신고해서
처음으로 이윤희 방을 개방한 2006년 6월 8일에 그 방을 청소했
던 K군. 게다가 6월 3일에는 이윤희와 함께 그 찻상에 족발을 시
켜 먹었던 K군이다. 그리고 내가 찻상을 찾은 일주일 동안 거의
매일 원룸에 친구들과 함께 찾아왔던 K군이었다. K군에게 찻상
이 어디갔는지 모르겠다고 물어보면, 당연히 "제가 청소할 때도

안 보였는데, 어디 있는지 모르겠네요?"라거나, "어? 그러고 보니 찻상이 안 보이네요?"라고 해야 정상이 아닐까?

왜 나에게 되묻듯이, 내가 어디다 치워뒀는데 찾은 건가? 하는 식의 질문을 하는걸까?

내심 흥미로웠다. 사실 그즈음부터 K군의 행동이 석연치 않은 게 많았던 지라, 조금 더 물어봐야겠다 싶었다. 그래서 그 찻상을 어디에 쓴 것 같냐고 물었다. 그 대답에 말문이 막혔다.

"이걸로 콱! 그냥 윤희를 내리찍지 않았을까요?"

진짜 내리치는 몸동작까지 하며 설명하는 모습이 섬뜩했다.

아무리 그렇게 생각한다고 하더라도, 친구의 부모에게 그런 식으로 말한다는 것이 쉬운 일은 아닐 터인데.

도대체 그 머릿속이 궁금할 뿐이었다.

회식 때 입은 옷을 모른다?

윤지가 K군을 가장 신뢰하지 못하게 된 일화가 있다. 한참 과에서도 조를 짜가면서 이윤희를 찾고, 전단지 배포를 돕고 했을 때이다. 윤희의 가장 친한 친구였던 4명은 각 친구들과의 연락책을 담당하고 있었다.

한번은 윤지가 친구들에게 당시 윤희가 뭘 입고 있었는지, 그리고 뭘 신고 있었는지를 물어보게 되었다.

친구들이 대충 '꽃무늬 원피스였고, 흰색 가디건을 착용하고 …' 하는 식으로 대답을 해서, 언니는 언뜻 떠오른 것이 5월 31일 자신과 함께 경복궁에 갔을 때의 옷차림이었다. 그리고 언니는 그 옷을 K군이 사준 것임을 알고 있었다.

그러나 이에 대해서는 묵묵부답이던 K군. 친구들이 K군에게 네가 잘 알잖아, 네가 사준 옷 아니냐고 묻기 시작하자 그제서야, "그랬나? 기억이 잘 안 나네."라고 대답했다.

K군의 수첩을 기억해보자. 그가 과연 기억을 못 한 것일까? 아니면 회피하고자 한 것일까?

청소와 쓰레기의 처리

6월 8일 원룸을 청소한 K와 S양.

이 가운데 20리터들이 쓰레기봉투에 쓰레기를 담고 이를 갖다 버린 것은 다름 아닌 K였다.

이 쓰레기봉투 사용에 대해서도 논란이 많다. 당시 K군과 함께 청소를 한 S양은 쓰레기를 버린 것에 대해서 언급하며, "K군, 네가 쓰레기봉투를 발로 여러 번 꾹꾹 눌러 담아서 버렸잖아."라고 했더니, 그 대답이 이렇다.

"아니야, 여러 번. 한 번 그랬어."

그리고 이윤희가 평소 쓰레기봉투를 어디에 버리는지 몰랐을 리가 없는 K군. 이윤희가 늘 버리는 원룸 바로 앞 분리수거대(폐가구를 버리는 공간이기도 했던)를 두고, 멀리 벨엘 병원 방향으로

100여 미터를 내려가서 버렸다고 한다.

왜 그랬을까? 본인의 집으로 가는 방향도, 학교를 가는 방향도 아닌데 말이다.

이유가 뭘까?

감사를 전하며

S군에 대해 언급하기 전에 이 책의 막바지에 들어서 비로소 꼭 하고 싶은 말을 전하고자 한다.

2006년 6월 6일 사라진 이윤희는 이제 실종 19년째가 되었다. 이윤희 사건이 불거지고, 이슈가 될 때마다 많은 미디어와 언론은 이윤희와의 관련자 인터뷰를 요구하기에 이른다. 언론의 생리를 다 알지는 못하더라도, 이윤희 주변인에 대한 조사 겸, 확인 겸, 필요한 부분이었다고 생각한다.

그럼에도 불구하고, K양과 S양 그리고 L군 등 이윤희를 찾기 위해서 그간 힘써준 모든 이윤희의 친구들과 지인들에게 심심한 감사를 표한다.

특히나 K양은 이윤희의 부모로서 어떻게 감사를 표해야 할지조차 모를 만큼의 큰 도움과 함께 잃어버린 딸의 역할을 대신할 만큼의 수고와 노력을 해주었던 바, 그 감사함을 제대로 표현하기도 전에 늘 무엇인가를 요청해야 하는 언론과 미디어의 곁에서서 고개를 숙이며 숨죽이고 함께 부탁을 했어야 한 것에 대해서, 이 자리를 빌려 미안한 마음을 전하고 싶다.

그리고 그 많은 전단지를 함께 뿌려주고, 여기저기 수소문해서 이윤희를 찾고자 도움을 준 많은 학과 친구들과 선후배들에게도 이제서야 감사의 마음을 보낸다.

S군은 누구인가?

앞서 S군에 대한 감사함을 잠시 옆으로 비켜 세워두었는데, S 군에 대한 이야기는 나름 객관적으로 해야 하지 않나 싶은 마음에 내가 겪은 비하인드 스토리를 이야기하고자 한다.

이윤희가 실종된 지 일주일이 좀 지나서인 어느 날 오후.

친구들은 원룸에 모여 윤희의 행방을 확인하고 있던 터였다.

그러던 중 S군이 나지막이 나에게 속삭이듯 말했다.

"윤희 누나는 살아 있어요."

처음에는 실종 이후 일주일이 지나도 소식이 없자, 혹시 모를 변을 당했을지도 모른다고 생각할 가족들을 위로하기 위해서 하는 이야기인 줄 알았다.

그런데 이어지는 일들은 그가 무엇인가 알고 있어서 그런 것이 아닌가 하는 생각을 하게 만들었다.

저 속삭임 같은 이야기가 있은 지 열흘쯤 지났을 무렵이다. S군으로부터 휴대폰으로 전화가 왔다.

"아버님, 제가 점심을 모시려고 하는데, 괜찮으세요?"

친구들 중에 나와 일대일 대면을 요청한 사람도 없었고, 집으로 찾아온 것도 아니고 휴대폰으로 그리 요청을 해와서, 뭔가 나에게 직접 하고 싶은 말이 있을 거라 생각했다.

집에 내 아내가 함께 있는 줄 뻔히 알았을 터인데, 함께 나오라는 말이 없어 나만 보고자 하는 줄 느꼈다.

그러고는 만난 S군.

식사하는 내내 아무런 말이 없다.

'무슨 말을 하려는 거 같은데 … 언제 하려나.'

생각이 잦아들 즈음, 이내 식사는 끝났고 계산을 할 때였다. 본인이 사겠다고 했으니 일어나서 계산하겠지 … 했는데, 내가 일어나 계산대로 갈 때까지도 요지부동이다.

결국 계산은 내가 했는데, 이윽고 인사를 남기고는 홀연히 사라진다.

"거, 참 …….."

학생이 아무리 돈이 없어서 식사를 거르게 생겼기로서니, 친구 아버지, 그것도 실종된 친구 아버지에게 점심을 얻어먹으려고 전화했을까 싶었다.

무슨 말을 하려고 했을까?

그리고 연이어 S군은 윤지를 이끌고 K의 원룸으로 가서 그의 수첩을 취득하게 하기에 이른다.

그런데, 포렌식 자료를 받은 우리가 이를 분석하는 과정에서 한 가지 의문스러운 상황을 보게 되었다.

부록

다름 아니라, 6월 9일, 그러니까 덕진경찰서의 사이버팀에서 원룸을 방문하기 전 시간에 이윤희의 컴퓨터에 또 다른 USB가 꽂힌 흔적이 있는 것이다.

이 시각은 오전 9시 30분경.

이때는 윤지가 경찰에 신고하기에 앞서 S군을 불렀을 시간대이다. 다시 말해 S군이 이윤희 컴퓨터에서 무엇인가를 확인하고 다운을 받은 정황이 있다는 것이다.

이것이 무엇이었을지에 대해서는 여전히 오리무중이다. 해당 저장을 USB에 직접 했기 때문인 것으로 보인다.

물론 이 시각에 이윤희 컴퓨터가 무언가가 삭제되었다고 보기엔 어렵다. 아니, 불가능하다.

하지만 이윤희 컴퓨터에 대해서, 경찰이 손대기 전 이를 확인한 S군이 무언가를 발견한 게 아닐까?

언제라도 좋으니 이에 대해서 다시 나에게 해줄 말이 있다면 연락을 기다리고 있겠다.

목격자를 찾습니다.

— **2006년 6월 6일** 전주 덕진구 **금암동 원룸촌** 주변에서 **이윤희**를 목격
  하신 분,
— 6월 6일 어느 한 남자와 함께 차를 타고 이동하는 모습을 보셨던 분,
— 전주 덕진경찰서나 전북경찰청 사이버수사대 등에서 근무하며 이윤희
  컴퓨터에 대해서 조사를 하셨었거나, 확인을 하셨던 분.

사건의 시간 흐름

6월 6일 실종 전

2006. 6. 3. 오전 12시 50분경 이윤희 날치기 당함.

2006. 6. 4. 오후 7시 14분경 이윤희 원룸에서 이윤희 컴퓨터로 네이트온에 누군가가 접속하여 이윤희에게 메시지를 보냄. (이자는 2006. 5. 7. 오후 8시 38분경에도 동일한 방법으로 이윤희에게 메시지를 보냈음.)

2006. 6. 6. 오전 2시경 이윤희, 종강 파티장에서 나옴. K군이 뒤따름.

오전 2시 30분경 이윤희, 원룸에 도착한 것으로 추정. 이후 원룸 내부의 빨래를 개고, 강아지들을 풀어뒀으며, 찻상과 찻상 위의 커피잔 등을 치운 것으로 추정.

2006. 6. 6. 오전 2시 59분경 이윤희, 컴퓨터 켜고 검색 시작. 설추행-성추행-112순으로 검색.

2006. 6. 6. 오전 3시 1분경 이윤희, 검색 종료.

2006. 6. 6. 오전 4시 21분경 이윤희 컴퓨터 꺼짐.

6월 6일 실종 후

2006. 6. 7. 낮 이윤희의 친구 S군과 K양, 원룸 방문. 강아지 소리와 TV 소리 외에 인기척이 없자 그냥 돌아감.

2006. 6. 7. 저녁 이윤희의 친구 K군, 원룸 앞 지나감.

2006. 6. 8. 오후 12시 50분경 이윤희의 친구 4명(K양, K군, S군, S양), 이윤희 원룸 방문. 도어락을 열 수 없자, K양 이윤희의 언니에게 전화 걸어 원룸 문 개방 요청. 언니 허락하에 경찰과 112에 신고.

2006. 6. 8. 오후 1시경 경찰과 119 원룸 도착. 원룸 문 강제 개방.

2006. 6. 8. 오후 1시 5분경 K양과 S군. 덕진구 모래내 지구대 임의동행(가출인 신고서 작성). K군과 S양 이윤희 원룸 청소 시작.

2006. 6. 8. 오후 2시 10분경 K양과 S군, 지구대에서 원룸으로 복귀(이 사이 S양에 의해 도

어락 새로 설치). K양, 마지막으로 이윤희의 이불을 세탁기에 넣어 돌려둠. 이후 친구 4명은 이윤희 원룸의 문을 닫아두고(잠그지는 않고) 원룸에서 떠남.

2006. 6. 8. 오후 2시 18분 누군가가 이윤희 원룸에 침입하여 이윤희 컴퓨터 사용 시작.

2006. 6. 8. 오후 6시 5분 위 침입자 컴퓨터 다시 끔.

2006. 6. 8. 오후 6시 30분경 언니, 원룸에 도착. 원룸 앞에 나와 있던 K양과 만남.

2006. 6. 8.오후 7시경 부모님, 원룸에 도착. 곧바로 K양 차량을 이용해 모래내 지구대로 가, 신고 사항 확인.

2006. 6. 8. 오후 7시 28분 이윤희 언니, 이윤희 컴퓨터 켬.

2006. 6. 8. 오후 7시 38분 이윤희 언니, 이윤희 인터넷 검색기록에서 '설추행', '성추행', '112' 검색기록 발견. 부모님, 식사 중에 찻상 없어진 것을 인지.

2006. 6. 8. 오후 11시경 아버지, 세탁기 확인 중에 이불 발견. 그 아래 말려진 세탁물(수건 4장과 팬티 1장) 발견.

2006. 6. 9. 오전 9시 30분경 이윤희 언니 호출로 S군이 이윤희 원룸에 방문하여 언니와 함께 검색기록 등 확인. (USB 사용됨)

2006. 6. 9. 오전 9시 45분경 이윤희 언니, 경찰서 방문 및 신고.

2006. 6. 9. 오후 1시 35분경 덕진서 사이버팀 ○○○ 경장과 형사들 방문

2006. 6. 9. 오후 1시 36분 IE History View 사용됨.

2006. 6. 9. 오후 2시경 원룸 방문한 덕진서 형사들 돌아감.

2006. 6. 9. 오후 3시 17분 이윤희 언니, 이윤희 컴퓨터에서 인터넷 사용 재개

2006. 6. 10. 오전 10시경 누군가가 서울 여의도 M호텔에서 이윤희의 주민등록번호를 도용하여 악보공장 사이트의 아이디와 비밀번호를 입력하여 접속 시도.

2006. 6. 10. 오전 10시경 이윤희 언니, 위 접속 시도로 인해 악보공장에서 보낸, 아이디와 비밀번호의 재설정에 대한 확인 메일이 온 것을 확인

2006. 6. 10. 오전 11시경 이윤희 언니, 덕진서 오○○ 팀장 호출로 토요일 비가 엄청나게 엄청나게 쏟아지는 날임에도 출두하여 "앞으로 이윤희 아이디와 비밀번호로 접속하지 말아달라"는 요청을 받음.

2006. 6. 10. 오전 7시 38분 이 시각 이후부터 6월 10일 밤 11시 20분까지의 모든 인터넷 사용기록이 없음.

2006. 6. 13. 오후 1시경 이윤희 언니, 이윤희 컴퓨터를 덕진서에 임의 제출.

2006. 6. 13. 오후 7시 9분 덕진서에서 이윤희 컴퓨터의 수상한 접속이 기록됨.

2006. 6. 14. 오후 2시경 이윤희 컴퓨터, 전북청 사이버수사대에 접수.

2006. 6. 14. 오후 2시 40분경 전북청 사이버수사대, 이윤희 컴퓨터 개봉

2006. 6. 26. 오후 8시경 증거분석 완료 및 결과보고서 작성. 이때 2006년 6월 4일 오후 22시 48분부터 2006년 6월 8일 오후 3시 4분까지의 기록이 없어진 것이 확인됨. 가족에겐 알려주지 않음.

2006. 7. 26. 오후 11시 10분경 SBS 〈뉴스추적〉 방송. 이 프로그램으로 인해 여의도 M호텔 불법 접속사건에 대한 의혹이 더욱 커짐. 경찰은 '신입 여경의 단순 실수'라고 웃으며 사과했지만, 2024년 들어 경찰은 입장을 180도 바꿈.

그리고 현재까지…

2008. 2. 4. tvN 〈리얼스토리 묘〉 방송.

2008. 9. 27. 네이버 "이윤희 실종사건 공식 카페" 개설.

2009. 5. 24. KBS 〈뉴스 파일〉 방송.

2009. 6. 6. 전주에서 실종자 이윤희 찾기 3주년 홍보전 실시 .

2009. 8. 9. 이윤희 컴퓨터 하드디스크 덕진서로부터 회수.

2009. 12. 22 국민권익위원장 면담(당시 이재오 한나라당 최고위원).

2010. 3. 18. KBS 〈뉴스 따라잡기〉 방송.

2010. 4. 14. tvN 〈엑소시스트〉 방송.

2013. 3. 23. TV조선 〈박근형의 추적자〉 방송.

2017. 7. 18. KBS 〈뉴스기획 '창'〉 방송.

2019. 12. 14. SBS 〈그것이 알고 싶다〉 방송.

2020. 1. 20. 유튜브 "이윤희 실종사건 공식채널" 개설.

2020. 1. 21. 전북청 항의 방문. 당시 "직원의 실수로 삭제되었다"고 했던 경찰, 2024년 들어 입장을 또다시 180도 바꿈.

2020. 1. 21. 한국 최대 포렌식 기업 M사에 포렌식 의뢰.

2020. 1. 30. 포렌식 결과 도착.

2020. 2. 1. 유튜브 방송 시작.

2020. 1월 ~ 2023. 5월 코로나 시기.

2023. 12. 8. 1차 정보공개 요청.

2023. 12. 20. 정보공개 요청 거부.

2023. 12. 27. 2차 정보공개 요청.

2024. 1. 9. 정보공개 요청 재거부.

2024. 1. 16. 정보공개 요청 거부에 따른 행정심판 청구.

2024. 2. 9. 행정심판 청구에 대한 전북경찰청의 답변서(기각 재결 요청) 접수.

2024. 2. 14. 전북청 답변서에 대한 반박 서면 제출.

2024. 2. 16. 2006년 당시 이윤희 컴퓨터를 최초 조사한 덕진서 사이버팀 경장 및 전북
청 사이버수사대 상대 '증거인멸' 고소 진행.

2024. 3. 14. 전국투어 홍보전 실시(16일까지)

2024. 4. 16. 2019년 당시 전북청장 및 덕진서장에 대한 직무유기 고소 진행.

2024. 5. 9. MBC 〈실화탐사대 방송〉

2024. 7. 11. KBS 〈스모킹건 방송〉

2024. 7. 12. 《이윤희를 아시나요?》 책 발간.

앞으로…

이윤희를 찾을 때까지, 할 수 있는 모든 것을 다 할 겁니다. 그래야 내가 죽어도 이윤희한
테 떳떳하지 않겠어요? 우리 가족들도 마찬가지고 말이죠. (아버님의 인터뷰 중)

이윤희를 아시나요?

사라진 여대생, 그리고 진실을 쫓는 18년간의 추적기

글 이동세
발행일 2024년 7월 20일 초판 1쇄

발행처 뒤팽
발행인 노승현
출판등록 제2023-000075호
주소 서울특별시 마포구 양화로81 H스퀘어 320호
전화 02-868-4979 팩스 : 02-868-4978

이메일 rho4979@naver.com

ISBN 979-11-85264-97-4 03300